議論する

SDGs

監修　向山洋一
企画　経済広報センター

騒人社

本書の特徴と使い方

1　SDGs テキスト

　第1章は、実際にコピーして使うことができる SDGs テキストとその実践例が掲載されています。SDGs の目標別に、見開き左ページに Q（問題）があり、右ページに A（答え）と解説があります。
学習者に渡す時に見開きで渡す、Q と A に分けて渡すなど指導の流れに応じて使ってください。
　SDGs テキストの4択問題は、是非レディネステストとして使ってください。学習前と学習後の成果がはっきりと分かることと思います。
　また、第1章の最後に、実際にテキストを用いた実施報告の報告を紹介しています。実践する前にお読みいただければ、より指導のイメージが分かることと思います。

2　SDGs 対談

　第2章は、SDGs の対談「新学習指導要領を踏まえた SDGs の実践」と題して、オンラインでの SDGs セミナーの対談報告です。元全国小学校校長会会長だった向山行雄先生の日常に関わる「モラルジレンマ」についてのお話は、学校現場で、すぐ議論を展開できる内容です。Q R で対談をご覧いただけます。学校現場で指導に当たるときに心がけることなど、実践と関わる内容が対談の話題となっています。指導前に視聴してください。

3　企業の取組み

　第3章は、第1弾に続き、企業での様々な取り組みを紹介しました。なるべく児童・生徒さんが興味・関心をもっていただけるものを取り上げて紹介しました。日本の企業の方々が SDGs に前向きに取り組まれていることを知って頂きたいと思います。本書を使って学習する方に、この企業の取り組みを紹介してください。

4　SDGs オンライン授業事例

　第4章は、玉川大学教職大学院の谷和樹教授のオンラインでの授業を再現したものです。経済広報センターが主催するセミナーで行われたものです。SDGs と企業の関わりが楽しく授業展開されています。谷教授は、学校現場での授業を想定して授業を進めています。子役（セミナー事務局）とのやり取りからも指導者が学ぶことが多くあります。

まえがき

経済広報センター　常務理事・国内広報部長　佐桑　徹

最新キーワードは Society5.0 と DX

　経済広報センターは、20年以上にわたり、TOSS の皆さまと環境、産業（金融、流通・貿易）、エネルギー教育を展開してまいりました。そのような中、2020年10月10日には新たに SDGs 教育セミナーを ZOOM で開催し、700名を超える先生方にご参加いただきました。また、騒人社から『キーワードで教える SDGs』を向山洋一先生の監修のもと出版させていただいたところ、セミナー同様、皆さまの関心の高さに支えられ、版を重ねることができました。

　本書は、その第二弾です。騒人社の師尾社長のご提案で、今回はクイズ形式のテキストを現場で活用して頂くようになっています。企業や業界団体の SDGs への取り組みについては前著に引き続き最新情報を掲載しました。

● Society5.0 とは

　また、SDGs を迅速に、さらに質、量ともにより充実した形で実現するために、近年注目されているキーワードがあります。一つめは、「Society5.0」です。

　「Society1.0」は狩猟社会、「Society2.0」は農耕社会、「Society.3.0」は産業社会、「Society4.0」は情報化社会でした。では「Society5.0」はどのような社会なのでしょうか。

　正解は、創造社会です。「ものづくり」よりも「付加価値創造」が重要な企業価値となる社会です。本書の第2章の対談で、向山行雄先生が「SDGs の授業は、子供たちに SDGs 実現のために何ができるか、何がいいのか、悩んでもらった方がいい。結論が出なくてもいい。これからもずっと悩み続けてほしい」とお話されていますが、付加価値創造につながるところがあると思います。

● DX とは

　そして、もうひとつのキーワードは「DX」。これはデジタル・トランスフォーメーションの略です。最新技術を活用し、SDGs の17の目標の実現を図ろうとすることです。

◇遠隔治療の技術で「すべての人に健康を」に貢献できる
◇多種多様なモニタリングデータを組み合わせ、感染症予防のための早期警戒システムを開発
◇最先端の技術を活用した e ラーニングシステムを用いることで地球上の誰もが高品質の教育を手頃な価格で享受可能に
◇インターネットを通じた教育や情報へのアクセスにより女性の地位向上。ICT を活用して女性に起業の機会を提供
◇スマートグリッドシステムの構築による持続可能な電力需給の管理
◇産業界、学界、その他のステークホルダーを結び付けることで、グローバルなイノベーションシステムを構築
◇スーパーコンピュータを用いて気象観測データの解析に基づくシミュレーションにより、気候変動問題を解決
◇利便性、安全性、経済性を両立させたスマート都市を創出
◇水質、森林、生物多様性などのモニタリングやマネジメントに、リモートセンシング・データや海洋観測データを採用

　このように、デジタル技術を活用することで、SDGs の実現を加速することができます。こうした分野に関心のある子供が一人でも多く誕生することを期待しています。そうした授業実践に、本書が少しでもお役に立てば幸甚です。

2021年5月

目次

本書の特徴と使い方……2

まえがき　経済広報センター　常務理事・国内広報部長　　佐桑徹……3

第1章　SDGs テキスト ………………………………………………… 7

1　SDGs 目標別テキスト

議論する SDGs　テキストの使い方……8

目標 1　貧困をなくそう……10

目標 2　飢餓をゼロに……12

目標 3　すべての人に健康と福祉を……14

目標 4　質の高い教育をみんなに……16

目標 5　ジェンダー平等を実現しよう……18

目標 6　安全な水とトイレを世界中に……20

目標 7　エネルギーをみんなに そしてクリーンに……22

目標 8　働きがいも経済成長も……24

目標 9　産業と技術革新の基盤をつくろう……26

目標 10　人や国の不平等をなくそう……28

目標 11　住み続けられるまちづくりを……30

目標 12　つくる責任 つかう責任……32

目標 13　気候変動に具体的な対策を……34

目標 14　海の豊かさを守ろう……36

目標 15　陸の豊かさも守ろう……38

目標 16　平和と公正をすべての人に……40

目標 17　パートナーシップで目標を達成しよう……42

2　SDGs 4択問題

基本問題……44

目標を覚えよう……46

知識問題……48

3　SDGsテキストを使った授業実践報告

目標 1 　貧困をなくそう……50

目標 2 　飢餓をゼロに……51

目標 3 　すべての人に健康と福祉を……52

目標 4 　質の高い教育をみんなに……53

目標 5 　ジェンダー平等を実現しよう……54

目標 6 　安全な水とトイレを世界中に……55

目標 7 　エネルギーをみんなに　そしてクリーンに……56

目標 8 　働きがいも経済成長も……57

目標 9 　産業と技術革新の基盤をつくろう……58

目標 10 　人や国の不平等をなくそう……59

目標 11 　住み続けられるまちづくりを……60

目標 12 　つくる責任 つかう責任……61

目標 13 　気候変動に具体的な対策を……62

目標 14 　海の豊かさを守ろう……63

目標 15 　陸の豊かさも守ろう……64

目標 16 　平和と公正をすべての人に……65

目標 17 　パートナーシップで目標を達成しよう……66

第2章　SDGs対談─新学習指導要領を踏まえたSDGsの実践……………… 67

1　モラルジレンマの重要性……68

2　環境に関わる問題を身近な生活の中で発掘して授業化を……69

3　環境教育の歴史……72

4　日本のSDGsの認知度と実践の方向性……72

5　SDGsの具体的な取組み……73

第3章 **SDGs ―企業の取組み** ·· *77*

商社（日本貿易会）― SDGs を事業に取り込み社会構築へ······*78*

電気事業連合会―循環型社会へ······*79*

建設業（日本建設業連合会）―目指すは地球環境のゴール······*80*

日本化学工業協会― SDGs にも貢献する知恵の宝庫······*81*

全国銀行協会―金融経済教育の推進・拡大······*82*

日本証券業協会―すべての子供たちが希望をもって······*83*

生命保険協会― SDGs に向けた重点取り組み 8 項目······*84*

日本損害保険協会―損害保険リテラシーの向上と防災・防犯・交通安全の意識向上······*85*

第4章 **谷和樹教授の SDGs 授業事例（オンライン授業の再現）** ··············· *87*

授業事例 1　けんせつ小町と SDGs······*88*

授業事例 2　大豆と SDGs······*93*

授業事例 3　石油と SDGs······*101*

あとがき　日本教育技術学会会長・TOSS 最高顧問　　向山　洋一······*110*

第 1 章

SDGs テキスト

SDGs目標別テキスト
SDGs4択問題
SDGsテキストを使った授業実践報告

議論するSDGs テキストの使い方

SDGs の 17 の目標別にテキストがあります。このテキストは、QA を手掛かりに、SDGs について、議論するために構造化しています。

　学習者の実態に応じて、例示した実践パターンを選び、取り組んでください。

テキストは ❶→❷→❸→(❹↔❺)→❻ の流れで使うと効果的です。

半分に切って、左半分をはじめに渡し、Q を考えた後、A の説明がある右半分を提示するのも良いでしょう。各ページに名前を記入する欄があります。

それぞれをノートに貼り、調べたことを追記させるスペースを確保できるようにすることも良いでしょう。

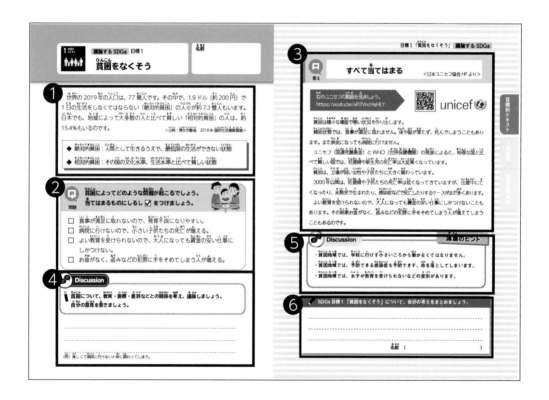

学習者の実態と授業時間に合わせ取り組んでください。

・読む→Qを考える→Aを読む→議論のヒントを読む→意見を書く→議論する→考えをまとめ書く

・読む→Qを考える→Aを読む→意見を書く→議論のヒントを読む・調べる→議論する →考えをまとめ書く

📖 実践例

実践パターン A　　読む→QA→意見を書く→議論する→まとめる

❶ の目標に関わる話題を読む。指導者が補足し導入的に扱う。

❷ のQ（問題）を読み、考え、書く。

❸ のAを読み、Qに対して問題意識をもつ。

❹ にQAの学習を手掛かりに意見を書く。

❺ の議論のヒントを参考に ❹ の意見に追記する。

❹ に書いた意見をもとに議論する。

❻ に SDGs の目標に対しての自分の考えをまとめとして書く。

実践パターン B　　読む→QA→調べる→意見を書く→議論する→調べる→議論する→まとめる

❶ の目標に関わる話題を読む。指導者が補足し導入的に扱う。

❷ のQ（問題）を読み、考え、書く。

❸ のAを読み、Qに対して問題意識をもつ。

> QAの学習を手掛かりに、テーマについて調べる。

実践Aとの違いは、それぞれの課題に対して、調べる学習を入れることです。ただ「調べなさい」と指示するのではなく、A（答え）の部分を読むことによって、課題がはっきりしてきます。

❹ に意見を書く。書いた意見をもとに議論する。

❺ の議論のヒントを参考に調べる。

❹ に意見を追記する。

❹ に書いた意見をもとにさらに議論する。

❻ SDGs の目標に対しての自分の考えをまとめとして書く。

　SDGs のノートを作り、このテキストをノートに貼り、各自で調べたことを書き込ませた実践が報告されています。また、テキストの空きスペースに調べたことを書き込んでいる実践もあります。学習者が自ら調べ、調べたことをもとに議論する SDGs の学習が展開されることを期待します。

議論する SDGs 目標1

ひんこん
貧困をなくそう

名前

世界の2019年の人口は、77億人です。その中で、1.9ドル（約200円）で1日の生活をしなくてはならない「絶対的貧困」の人々が約7.3億人もいます。日本でも、地域によって大多数の人と比べて貧しい「相対的貧困」の人は、約15.4％もいるのです。

<出典：厚生労働省 2018年 国民生活基礎調査>

◆ 絶対的貧困：人間として生きるうえで、最低限の生活ができない状態

◆ 相対的貧困：その国の文化水準、生活水準と比べて貧しい状態

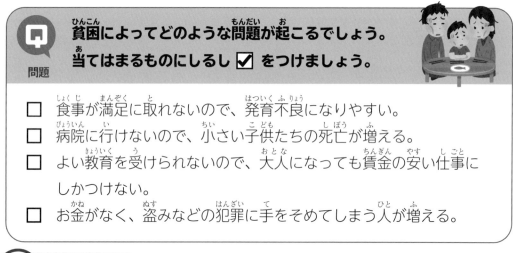

Q 問題

貧困によってどのような問題が起こるでしょう。
当てはまるものにしるし ☑ をつけましょう。

☐ 食事が満足に取れないので、発育不良になりやすい。

☐ 病院に行けないので、小さい子供たちの死亡が増える。

☐ よい教育を受けられないので、大人になっても賃金の安い仕事にしかつけない。

☐ お金がなく、盗みなどの犯罪に手をそめてしまう人が増える。

 Discussion

✏ 貧困について、教育・医療・差別などとの関係を考え、議論しましょう。
自分の意見を書きましょう。

（例）貧しくて病院に行けないと命に関わってしまう。

答え

すべて当てはまる

＜日本ユニセフ協会HPより＞

右のユニセフの動画を見ましょう。
https://youtu.be/xP2VncHgHLY

unicef

貧困は様々な場面で悪い状況を作り出します。

貧困状態では、食事が満足に取れません。体や脳が育たず、死んでしまうこともあります。また病気になっても病院に行けません。

ユニセフ（国連児童基金）とWHO（世界保健機関）の発表によると、裕福な国と比べて貧しい国では、妊産婦や新生児の死亡率は大変高くなっています。

貧困は、立場が弱い女性や子供たちに大きく関わっています。

2000年以降は、妊産婦や子供たちの死亡率は低くなってきていますが、出産中に亡くなったり、未熟児で生まれたり、感染症などで死亡したりするケースがまだ多くあります。

よい教育を受けられないので、大人になっても賃金の安い仕事にしかつけないこともあります。その結果お金がなく、盗みなどの犯罪に手をそめてしまう人が増えてしまうこともあるのです。

 Discussion

議論のヒント

・貧困地域では、学校に行けず小さいころから働かなくてはなりません。
・貧困地域では、予防できる感染症も予防できず、命を落としてしまいます。
・貧困地域では、女子が教育を受けられないなどの差別があります。

✏ SDGs 目標1「貧困をなくそう」について、自分の考えをまとめましょう。

- -

- -

- -

名前 （   ）

議論する SDGs　目標2

飢餓をゼロに

名前

世界では、一人あたりに必要な食糧は十分あるというデータがあります。世界中の人々が食べる量が生産されているのです。それなのに、食べるものがなく苦しんでいる人たちがたくさんいます。飢餓に苦しんでいる地域は、交通や衛生面も遅れているため、食糧が届けられない、届けられても貧しくて買うことができないという大きな問題があります。開発途上国に農業技術を教えるなどの活動も行われています。

◆飢餓とは長い間にわたり十分食べられず、生きていくことや生活することができない状態のことです。

＊国連世界食糧計画では、体重、身長などから定義しています。

Q 問題

飢餓の原因は何でしょう。
当てはまるものにしるし ☑ をつけましょう。

☐　地震や津波、洪水や干ばつなどの自然災害にあう。
☐　紛争や戦争から避難するために、すべてを捨てなくてはならない。
☐　農業技術が低く、作物がたくさんとれない。

Discussion

日本の食料自給率や食品ロスなどを考え、飢餓について、議論しましょう。
自分の意見を書きましょう。

- -

- -

- -

- -

（例）　スーパーには外国からの食品が多く並んでいる。期限切れで捨てるのはもったいない

すべて当てはまる

<日本ユニセフ協会 HP より>

答え

右のユニセフの動画を見ましょう。
https://tinyurl.com/y26ox39o

unicef

目標別テキスト

4択問題

授業実践報告

　飢餓には2種類あります。戦争や、自然災害などで一時的に起きる、突発的飢餓です。これはまず、戦争などをやめさせることや、自然災害からの復旧が必要です。もう一つは慢性的飢餓です。原因には様々なものがあります。まず生産性が低い農業を行っている可能性があります。その場合、地域にしっかりとした農業を指導することが重要です。日本も世界の貧困の国々に対してこれからも続けていける農業を指導しています。さらに雇用される際の賃金が安いという課題もあります。そして不公平な貿易によって、国内の産業が育たないということもあります。

 Discussion

議論のヒント

- まだ食べられるのに捨てられてしまう食品のことを「食品ロス」といいます。
- 日本は外国からたくさん食べ物を輸入していますが、多くの食品ロスがあります。
- 日本の食料自給率は38%（2019年）で半分以上を輸入に頼っています。
- ゴミになった食料は焼かれ、CO_2 を出します。
- 毎日食べているものは、どこの国で作られているのでしょう。

✎ SDGs 目標2「飢餓をゼロに」について、自分の考えをまとめましょう。

名前 （　　　　　　　　　　　　）

すべての人に健康と福祉を

世界の国々が、健康と福祉について、2030年までに様々な合意をしました。赤ちゃんを産むときに死んでしまうお母さんの数を減らす、赤ちゃんや5歳未満の子供たちの救える命を守る、病気で亡くなる人を予防や治療によって減らす、交通事故による死亡やケガを減らす、保健サービスや予防接種を受けられるようにすることなどです。そのため、ワクチンや薬の開発を助け、開発途上国にも届けるなど、目標を達成するための方法も考えられています。

Q 問題

世界では、5歳未満の子供たちの死亡が大きな問題になっています。日本とは何が違うのでしょうか。□に言葉を入れましょう。

① 病院が □

② ワクチンが □

③ 環境が □

④ 薬が □

多い・少ない・ある・ない・悪い・よい・手に入らない・手に入る

Discussion

病気になった時のことなどを思い出し、健康や福祉について、議論しましょう。
自分の意見を書きましょう。

（例）近くに歯医者さんや耳鼻科などいろいろな病院があるから安心だ。

答え

① 病院が**少ない**　② ワクチンが**ない**

③ 環境が**悪い**　④ 薬が**手に入らない**（薬がない）

世界には、5歳になる前に命を落としてしまう子供たちが多くいます。その大きな原因は、予防接種やワクチン接種が受けられないからです。

日本は、世界でもトップクラスの長生きの国です。病気になったら、いつでも病院に行けます。健康保険制度もあり、自分で支払う医療費も少なくなり、治療が受けやすくなっています。

 Discussion

議論のヒント

・うがいや手洗いなど、しっかり行えば予防できたかもしれません。

・インフルエンザは、予防接種を受けることができます。

・運動や食事に気を付けて、病気にならないようにします。

・病院に行くときは、健康保険証を持って行きます。

・感染病は、自分が感染しないことが、大事なことです。

SDGs 目標3「すべての人に健康と福祉を」について、自分の考えをまとめましょう。

名前　（　　　　　　　　　　　　　　　　）

4 質の高い教育をみんなに

議論する SDGs　目標4

名前

質の高い教育をみんなに

日本では、小・中学校の9年間が義務教育です。学校に行き、字を読んだり書いたりできることは当たり前です。しかし、世界には、学校に通えない国や字の読み書きができない人がいる国も多くあります。特に戦争や地域の紛争がある国では、全ての子供たちが、教育を受けることはできていません。

Q 問題「質の高い教育」を受けられないのは、なぜでしょう。
考えられることを書きましょう。

戦争や紛争があるから

ヒント
○○が近くにない、○○がいない、弟や妹の○○をしなくてはいけない

Discussion

✏ 読み書きができないと困ることはどんなことでしょう。議論しましょう。
自分の意見を書きましょう。

（例）本や新聞が読めない。　文章が書けない。

16

答え

・**学校が近くにない**　・**弟や妹の世話をする**
・**先生がいない**　　　　・**働かなくてはいけない**
・**親が学校に行かせてくれない**　・**病気**

右の動画を見ましょう。
https://youtu.be/JVHIiyrGRxY

参照：JICA

　この問題は、SDGs の他の目標とも大きく関わりがあります。例えば、目標1の「貧困をなくそう」をはじめ、目標5の「ジェンダー平等を実現しよう」などです。

　教育が受けられない原因を考えることが、日本や世界の問題点を考える機会になります。また、教育を受けると様々な問題が解決していくことも理解できます。

　みんなの学校プロジェクト（地域の住民が協力して学校を運営する運動）という運動があります。2004 年南アフリカのニジェールでは 24 校だった学校が、2007 年 14000 校になりました。その後、アフリカの各地に広がり 2017 年には 4 万校にまで広がりました。

　子供たちの未来のために、住民が力を合わせたからです。教育に対する大人たちの意識を変えると、生活までも向上していきます。

 Discussion

議論のヒント

・本が読めないから情報が入りません。
・契約書類が読めないから、理解できなくてだまされることがあります。
・薬の名前など読めずに分からないから、間違えて飲んでしまう危険があります。
・説明書が読めないので、仕事のやり方が分からず、効率が上がりません。
　◆ 識字率：字の読み書きができる人の割合のことです。

✏ **SDGs 目標4「質の高い教育をみんなに」について、自分の考えをまとめましょう。**

- -

- -

- -

名前　（　　　　　　　　　　　　　　　　　　　　　）

目標別テキスト　　4択問題　　授業実践報告

議論する SDGs 目標5

ジェンダー平等を実現しよう

名前

目標5の「ジェンダー平等を実現しよう」には９のターゲットがあります。その一番に掲げられているのが、「すべての女性および女児に対する差別をなくす」となっています。世界には、まだ様々な差別がありますが、女性や女の子への差別は国や地域によっては大変多く、苦しんでいる人がいます。

◆ ジェンダーフリーとは、男女が平等に、自らの能力を生かして自由に行動・生活できることです。

◆ ジェンダーギャップ指数は、世界経済フォーラムが、経済・政治・教育・健康の分野から、男女の社会的・文化的な格差を比べ発表しています。

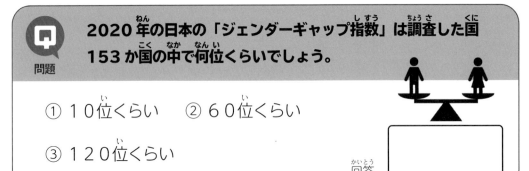

Q 問題　2020 年の日本の「ジェンダーギャップ指数」は調査した国 153 か国の中で何位くらいでしょう。

① 10位くらい　　② 60位くらい

③ 120位くらい

回答.

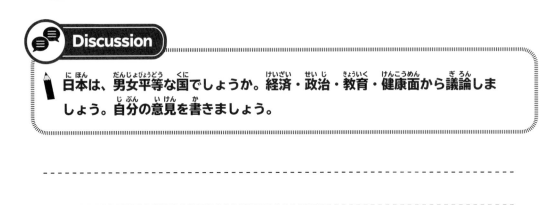

Discussion

✏ 日本は、男女平等な国でしょうか。経済・政治・教育・健康面から議論しましょう。自分の意見を書きましょう。

- -

- -

（例）仕事によって、男性が多い、女性が多い場合はある。政治家は男性が多い。

答え

③ 120位くらい（121位）

内閣府男女参画局ホームページ
https://tinyurl.com/y23x63e8

出典：The Global Gender
Gap Report 2020.
（世界経済フォーラム）

　世界経済フォーラムが発表する男女の社会的・文化的な格差を比べた「ジェンダーギャップ指数」が、2020年は、調査した153カ国中で日本は121位です。これは、世界の中では「男女平等」に対して、日本は遅れているという結果です。その他の指数については内閣府男女参画局のホームページで調べてみましょう。

《 ジェンダー平等のための政府の基本原則 》

・女性と女児の権利の尊重・脆弱な状況の改善
・女性の能力発揮のための基盤の整備
・政治、経済、公共分野への女性の参画とリーダーシップ向上
・女性に対する暴力の根絶（女性への暴力を、完全になくすこと）
・育MEN（イクメン）プロジェクト（男性が積極的に子育てに参加すること）

 Discussion

議論のヒント

・政治や企業の女性リーダーが少ないことが、この指数に関わっています。
・同じように働いても、給料に差があります。
・体力の違いなどもあります。平等とはどういうことか考えましょう。
・会社やお店などで働く社長さんは男性、女性のどちらが多いでしょう。
・家族の中で、誰がどんな仕事や役割分担をしていますか。

SDGs目標5「ジェンダー平等を実現しよう」について、自分の考えをまとめましょう。

- -

- -

- -

名前　（　　　　　　　　　　　　　　　）

安全な水とトイレを世界中に

　日本の水道の普及率は、戦後直後の 1950 年では 26.2% でした。それが 2017 年には 98% に達しています。日本には、自然に恵まれ地下水の水を使っている地域もあります。人間にとって大切な水を維持し管理することは多くの人たちの努力があるからです。またトイレなどの汚れた水を処理する下水道の普及率は、県によって大きな開きがありますが、全国平均 79.3%(2019 年 3 月) となっています。

　世界には安全な水とトイレを利用できない人が多くいます。水道施設がないため、近くの川や池、湖に水をくみに行きます。水をきれいにする施設もなく、野生の動物も利用するため、衛生的に悪く安全な水ではありません。

世界で水道の水を飲める国はいくつあるでしょう。
問題 （世界の国として日本が認めている数は日本を入れて 2020 年 196 か国）

① 10か国くらい　　② 50か国くらい

③ 100か国くらい

回答 .

Discussion

安全な水とトイレが使えなかったら、どんな生活になるか議論しましょう。
自分の意見を書きましょう。

- -

- -

(例) 衛生的に悪い水を飲むと病気になる。トイレがないとフンや尿は臭くて困る。

答え

10か国くらい (9か国と2都市)

《 2018年国土交通省の調査より 》

・日本　　　　　　　　・ノルウェー　　　　　・スロベニア

・南アフリカ共和国　　・フィンランド　　　　・ストックホルム (スウェーデン)

・アイスランド　　　　・ドイツ　　　　　　　・シドニー (オーストラリア)

・アイルランド　　　　・オーストリア

※ 水質や水の種類はさまざまで、飲めるからと安心できない国も多いです。

水道水を利用できるが安全とは言えない国（注意が必要な国は21か国）

アジアでは、アラブ首長国連邦は水道水を利用できますが、完全に安全とは言えません。

ヨーロッパでは、そのまま飲めますが注意が必要な国は11か国。スペイン・イギリス・スイス・クロアチア・デンマーク・フランス・イタリア・ハンガリー・セルビア・アンドラ・スウェーデン (ストックホルムなどの都市部以外) です。

オセアニアでは、ニュージーランド・シドニー以外は注意が必要です。

アフリカでは、飲めますが注意が必要な国は4か国。レソト・ボツワナ・ナミビア・モロッコです。

北アメリカでは、3か国。ニカラグア・コスタリカ・パナマです。

南アメリカでは安心して飲める国はありません。

Discussion

議論のヒント

　　安全な水を手に入れる基準を「1km以内に一人1日20リットルの水を確保できる場所があること」とWHO（世界保健機関）では定義しています。

　　水がなければ、農作物が育たなく、食糧不足にもなります。水は毎日必要ですが、水くみに川や池まで毎日行くのは大変です。水質の悪い水は、ごみや寄生虫によって、病気になったり、命を落としたりします。悪い水の影響は、特に赤ちゃんや子供たちの命を奪うことになります。トイレがない生活は、住む環境を悪くします。

SDGs目標6「安全な水とトイレを世界中に」について、自分の考えをまとめましょう。

名前　(　　　　　　　　　　　　　　　　　)

日本では、スイッチ1つで電気がつく便利なくらしをしています。電気がないくらしを想像することはできません。現在のエネルギーの中心は、石油、石炭、天然ガスなどの化石エネルギーです。化石エネルギーは、限りのある資源で、このペースで使い続けると、100年後にはほとんど使い果たしてしまうという予測があります。そのため、未来のエネルギーとして世界が注目しているエネルギーが再生可能エネルギーです。

◆再生可能エネルギーとは、CO_2を出さず、自然から得られるエネルギーの中でも、枯渇する（なくなる）ことがないものを言います。

Q
問題

**再生可能エネルギーにはどのようなものがありますか？
（　）に書きましょう。**

※経済産業省資源エネルギー庁

（　　　　　　　）（　　　　　　　）（　　　　　　　）

（　　　　　　　）（　　　　　　　）

Discussion

日本政府は、2050年に、カーボンニュートラル、脱炭素社会を実現すると発表しました。実現する方法を議論しましょう。

- -

- -

- -

- -
（例）車から排気ガスが出ないようにする　エネルギーを大切に使う

答え

- 太陽エネルギー　・地熱　・水力
- 風力　・バイオマス
- 海洋熱　・潮力　・波力

太陽エネルギーとは、太陽光発電や太陽熱を利用したものです。

地熱発電は、地下のマグマの熱を利用して発電します。

水力発電は、水が高い所から低い所に流れるときの位置エネルギーで発電します。

風の力で風車を回し発電します。

バイオマスとは、再生可能な生物資源のことを言います。

海洋熱は、海の表層と深層の温度差を利用して発電します。

海洋発電には、「潮力発電」「波力発電」「海洋温度差発電」「海流発電」があります。

Discussion

議論のヒント

◆ 脱炭素社会とは、二酸化炭素の排出量を0にする社会のことです。

◆ カーボンニュートラルは CO_2 やメタンなどの温暖化ガス排出量を、森林吸収や排出量取引などで吸収される量を差し引いて全体としてゼロにすること。

- それぞれの再生可能エネルギーで電力はどのくらい確保できるのでしょう。
- 脱炭素社会、カーボンニュートラルの実現には、CO_2 の排出量を抑えなくてはなりません。
- 日本の車はガソリン車が多いことから、CO_2 の排出は多いでしょう。
- 物を運ぶ輸送には車、飛行機、鉄道などが大量のエネルギーを使っています。
- 毎日生活で使う電気をつくるために、今どのように発電されているでしょう。
- 再生可能エネルギーには課題もあります。

✏ SDGs 目標7「エネルギーをみんなに そしてクリーンに」について、自分の考えをまとめましょう。

- -

- -

- -

名前　（　　　　　　　　　　　　　　　　　　）

議論する SDGs　目標8

名前

働きがいも経済成長も

世界的には、働きたくても仕事がない失業者が多くいます。また安い賃金で働くなど、労働条件が悪い中で仕事をしなければならない人もいます。

若い人たちが安定した仕事につけないと、希望がもてず社会への不満をもちます。貧しいくらしが続き、犯罪なども増えていくことになります。

◆ ディーセント・ワーク：働きがいのある人間らしい仕事のこと

問題

働きがいのある人間らしい仕事（ディーセント・ワーク）とはどのような仕事でしょう。□から当てはまる言葉を選びましょう。

① 安定して働く（　　　　　　　　）がある。

② 生活や貯金ができる（　　　　　　　）がある

③ 仕事で男と女の（　　　　　　　）をされない。

④ 仕事で身体的、精神的な（　　　　　　　）を感じない。

収入　　場所（ところ）　　危険　　差別

 Discussion

✎ 収入を得るために長時間働くことについて、議論しましょう。自分の意見を書きましょう。

- -

- -

- -

（例）家族のために仕方がない。仕事が好きならよい。健康に悪いからよくない。

答え

① **場所（ところ）** ② **収入**
③ **差別** ④ **危険**

ディーセント・ワーク（ILO 駐日事務所）
《ディーセントワークの実現への取り組み》

1. 必要な技能を習得して、働いた賃金で暮らしていけるよう、国と企業が仕事を作り出し支援します。
2. 社会保障を充実させて、安全に健康的に働ける職場環境を保障します。
3. 職場で起きた紛争や問題が平和的な解決に導かれるように社会対話を推進します。
4. 不利な立場で働く人をなくすために労働者の権利を保障し尊重します。
　ジェンダー平等は、横断的目標として、全ての戦略目標に関わっています。

国際労働機関　ディーセント・ワークより

 Discussion　　　 **議論のヒント**

日本では、ディーセント・ワークの実現には次のようなことが考えられると言っています。

① 安定して働く機会がある。
② 収入は十分（生活し、今後に備えて貯蓄ができる賃金）である。
③ 仕事とプライベート（家庭生活）のバランスが取れている（長時間労働に苦しんでいない）。
④ 雇用保険、医療・年金制度に加入している。
⑤ 仕事で性別（女性だから、男性だから）、性自認（LGBTi）による不当な扱いを感じることはない。
⑥ 仕事で身体的、精神的危険を感じることはない。
⑦ 働く人の権利が保障されていて（組合に入れる、作れる、会社と交渉できる）、職場での相談先がある。
⑧ 自己の成長、働きがいを感じることができる。

（出典：日本労働組合総連合会）

✎ SDGs 目標8「働きがいも経済成長も」について、自分の考えをまとめましょう。

名前 （　　　　　　　　　　　　）

9 産業と技術革新の基盤をつくろう	議論する SDGs　目標 9	名前

産業と技術革新の基盤をつくろう

　スマートフォンと携帯電話は、どんな場所にいてもつながることが、日本では当たり前になってきています。電波を送ったり受け取ったりすることで、音声や情報をやり取りすることができるのです。

　2011 年の東日本大震災では、大規模な停電が起こり、スマートフォンと携帯電話が一時的に使えなくなるということが起こりました。現在はバッテリーを用意するなどして、災害が起こってもスマートフォンや携帯電話が使えるようになっています。2020 年代には、高速でたくさんのデータをやり取りすることができる５Ｇ (ファイブジー) のサービスが始まりました。

◆ 通信：音声や写真，動画などの情報をやり取りするしくみのこと
◆ ５Ｇ　(5th Generation)：五世代移動通信システムのこと

Q 問題　通信のこれまでの変化について（　　）に言葉を入れましょう。

・1980 年代 １Ｇ（　音声　）　　・1990 年代 ２Ｇ（　　　）

・2000 年代 ３Ｇ（　　　）　　・2010 年代 ４Ｇ（　　　）

ヒント	音声　　動画　　写真　　文字（メール）

 Discussion

✏ ５Ｇで、人々の生活は、どのように変わっていくか議論しましょう。自分の意見を書きましょう。

- -

- -

- -

（例）買い物の仕方が変わってくる　会社に行かなくても仕事ができる

答え

1G（ **音声** ） 2G（ **文字** ）
3G（ **写真** ） 4G（ **動画** ）

日本では 1987 年、携帯電話のサービスが始まりました。その中心は「声」でした。それから，文字や写真が送れるようになり、最近は、動画のやり取りもできるようになりました。それぞれの通信の進歩を世代 (ジェネレーション) として表しています。

 Discussion

議論のヒント

① 遠く離れた場所に，一度にたくさんの情報を遅れることなく送ることができる。

② 鮮明な画像を送ることができるので、離れたところにある病院の最先端の治療を受けることができる。

③ 乗り物の操縦を遠隔で出来るようになる。

　5Gの世界では、人とモノがつながって、スマートフォンと家電がつながります。例えば、寝起きと同時にカーテンが開いたり、家に帰る前にエアコンを操作することができたり、自動運転ができたりします。5Gによって、さらに進化していくことになります。

✏ **SDGs 目標9「産業と技術革新の基盤をつくろう」について、自分の考えをまとめましょう。**

名前 （　　　　　　　　　　　　　　　　）

人や国の不平等をなくそう

　世界の人口は 2020 年現在、約 78 億人です。日本の人口は約 1 億 2000 万人です。今、世界だけでなく、日本の中でも、「不平等」や「格差」の問題が広がっています。裕福な人と、貧しい人の差がどんどん広がっているのです。裕福な人がお金をたくさん払って良いサービスを受けられるのに、貧しい人がお金を払えずにサービスを受けられにくくなってしまうことが問題となっています。病院で診察を受けられなければ、命に関わることもあるでしょう。学校で授業を受けられなかったら、できる仕事も少なくなってしまいます。

Q 問題

世界には、どんな格差や違いがあるでしょう。
（　　　　）に言葉を書きましょう。

① （　　　　　　　　）を持っている人と持っていない人がいる

② （ 性別 ）によって、教育を受けられない国がある

③ （　　　　　　　　）が 15 歳以下でも働かなくてはならない地域がある

④ （　　　　　　　　）によって肌の色や言葉が違う

⑤　信じる（　　　　　　　　）によって、考え方が違う

⑥ （　　　　　　　　）のある人は差別を受けることがある

| ヒント | お金 | 年齢 | 性別 | 宗教 | 障がい | 国（民族） |

Discussion

Q1の世界で問題となっている格差や違いについて、議論しましょう。自分の意見を書きましょう。

- -

- -

- -
（例）男女の違いはあっても差別はよくない　肌の色でなぜ差別があるのだろう

答え

① （　お金　）を持っている人と持っていない人がいる
② （　性別　）によって、教育を受けられない国がある
③ （　年齢　）が15歳以下でも働かなくてはならない地域がある
④ （　国（民族））によって肌の色や言葉が違う
⑤ 信じる（　宗教　）によって、考え方が違う
⑥ （　障がい　）のある人は差別を受けることがある

　全世界の人口78億人のうちの7億人以上、つまり、約10人に1人が、1日を2ドル（約200円）以下で生活しなくてはならないほどの貧困状態にあるそうです。お金の不平等以外にも、年齢、性別、障がいの有無、人種、民族、生まれた場所、信じている宗教など、世界には様々な違いや不平等があります。

　また、最近では、コンピュータやインターネットを使えるか使えないかで不平等になってしまう問題も生まれています。

💬 Discussion

議論のヒント

　不平等は人と人の間だけではありません。国と国の不平等の問題もあります。先進国と途上国で不公平な貿易が行われ、途上国の生産した作物を不公平な価格で安く買われてしまうことがあります。そのため、不平等な労働を強いられ、貧困から抜け出すことができなくなっています。このような問題をなくすための対策としてフェアトレードが世界的にも行われるようになってきました。それによって、開発途上国の立場が弱い人々にも労働に見合った賃金が支払われ、自立や生活環境の向上につながっています。

　年齢、性別、障がい、人種、民族、生まれ、宗教、経済状態などの違いがあっても、全ての国の全ての人が「誰一人取り残されることなく」同じようにチャンスがある世の中にすることが目標10「人や国の不平等をなくそう」で目指していることです。

◆フェアトレード：生産者と消費者の間で適正な価格で取引が行われるようにする仕組み

✏ SDGs目標10「人や国の不平等をなくそう」で学習したことを生かして、自分の考えをまとめましょう。

名前　（　　　　　　　　　　　　　　　　　　　　）

目標別テキスト　　4択問題　　授業実践報告

住み続けられるまちづくりを

　今、世界の人々の半数以上が、都市部で生活をしています。2030 年には、さらに増え 6 割の人が都市部に住むと予想されています。一方、村落は住む人が減少し、仕事が減り、安定した収入が得られないなどの問題が起きています。都市部と村落の問題点を見付け、解決していかなければなりません。

　人々が住むところはどこでも、自然災害に強く被害を小さくし、はやく復旧できることが強く求められます。安全で、災害につよいまちづくりが、住み続けるためには大切です。

◆ 都市：人が多く集まり、政治・経済・文化の中心になっているところ
◆ 村落：人口や家屋の密度が小さく、第一次産業の仕事をする人の割合が高い集落

Q 問題　都市部に多くの人々が住むのはなぜでしょう。□から選びましょう。

① （　　　　　　　　） が多くある　　② 高い （　　　　　　　　） を得られるところもある

③ （　　　　　　　　） の便がよく移動しやすい　　④ （　　　　　　　　） などが近くにあり安心

| 交通 | 働く場所 | 病院 | 収入 |

Discussion

✎ 都市部に多くの人が住むと、どんなことに困るか議論しましょう。自分の意見を書きましょう。

（例）ゴミが多く出る　　車が増え大気が汚れる

答え

① （　働く場所　）が多くある

② 高い（　収入　）を得られるところもある

③ （　交通　）の便がよく移動しやすい

④ （　病院　）などが近くにあり安心

　都会の生活は、インフラが整備され、店も多く、様々なものが手に入りやすく便利な生活ができます。日本でも地方から都市部へと人が移り住むことが増えています。

　そこで、内閣府は「SDGs 未来都市」を選定し、SDGs の達成に取り組んでいる都市を選定する制度をつくりました。SDGs に取り組むことで、新たな価値や連携を生み出すことになり、人口減少や地域経済の縮小などの地域の課題を解決し、持続可能なまちづくりを進めることができると考えられています。

■ インフラ生活を支えるもの

「社会インフラ」水道・電気・ガス、「交通インフラ」道路・鉄道・空港など

 Discussion　　　　　　　　　　　　議論のヒント

　　都市部の人口が増えるということは、農村などの村落の人口がさらに減っていくということです。働き手が減り、さらに収入が減っていくことになります。

　　また人口が増えた都市部では、廃棄物が増え、ごみ、水の汚れ、空気の汚れなどの環境問題が起きてきます。

　　医療や福祉のサービスが行き届かなくなり、貧富の差が生じてきます。

　　都市部の人の高齢化も問題になってきています。介護や医療問題と関わってきます。

SDGs 目標 11「住み続けられるまちづくりを」について、自分の考えをまとめましょう。

名前　（　　　　　　　　　　　　　　　　　　）

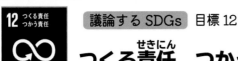
つくる責任　つかう責任

世界では、たくさんの資源やエネルギーを使い、ものを作り出しています。私たちは、それをたくさん消費しています。大量生産（つくる）大量消費（つかう）しているのです。海の資源である魚のとりすぎをはじめ、限りある資源を大切にしなければなりません。つくる人、つかう人の責任が問われています。

今、日本だけでなく世界的に問題になっているのが、食品ロスの問題です。捨てるために食べ物を焼却すると、CO2 を出し、環境にも良くありません。食料が余っている一方、食べるものがなく困っている人々も多くいます。

◆食品ロス：まだ食べられるのに捨てられてしまう食品のことです。

Q 問題　食品ロスは、なぜ世界的に問題になっているのでしょう。

① 食品ロスの量は、生産されたものの（　　　　）にあたるほど多い。

② 廃棄するために多くの（　　　　）がかかる。

③ 廃棄場所などの（　　　　）が悪くなる。

④ 焼却すると（　　　　）がでる。

ヒント	3分の1　　5分の1　　環境　　二酸化炭素　　費用

💬 Discussion

✏ 食品ロスを減らすには、どんなことができるか議論しましょう。自分の意見を書きましょう。

（例）買い過ぎない　腐らないうちに食べる　作りすぎない

答え

① **3分の1**　② **費用**　③ **環境**　④ **二酸化炭素**

　食品ロスが問題となる理由の1つは、廃棄するために多大な費用（コスト）がかかることです。廃棄する施設をつくり、適切な廃棄方法をとらなければ、環境や景観などにも影響を与えてしまいます。また食品ロスは可燃ごみとして扱われますが、適切に処理できる施設でないと、二酸化炭素の排出や焼却後の灰の埋立てなどによる環境負荷が連鎖的な問題となっています。　（出典：環境省「食品ロスの発生実態を知る」2016）

　日本の食料自給率は先進国の中でも低く、多くの食べ物を海外からの輸入に頼っています。しかし、多くの食品ロスを生み出しているという状況は、社会全体で解決していかなくてはならない課題の1つです。農林水産省では毎年10月の「食品ロス削減月間」に取り組んでいます。

食品ロスの現状を知る：農林水産省（maff.go.jp）

🗨 Discussion

家庭系食品ロス

家で捨ててしまっている食品のことです。
料理をする時に、本当は食べられるのにカットして捨ててしまっている部分があります。
また食べ残したり、期限切れで食べられなくなったりした食品もあります。

事業系食品ロス

食品メーカー、小売店、レストランなどの食品を扱っている企業や店舗で捨てられる食品ゴミのことです。
食品をつくる会社は、カット食品や期限を超えた食品などの返品があります。
小売店では、期限を過ぎたなどで販売できなくなった在庫があります。
レストランなどの飲食店では、食べ残された料理や売れなかった食材があります。

議論のヒント

✏ SDGs 目標 12「つくる責任　つかう責任」について、自分の考えをまとめましょう。

- -

- -

- -

名前　（　　　　　　　　　　　　　　　　　　　　）

議論する SDGs　目標 13

名前

気候変動に具体的な対策を

空気中の二酸化炭素の量と気候は大きく関係しています。空気中の二酸化炭素の増加によって、世界の平均気温は年々上昇しています。1880 年〜 2012 年までの 132 年間でおよそ 0.85℃上昇したといわれています。今後、現在と同じペースで二酸化炭素が排出され続けると 2025 年〜 2030 年（SDGs の目標年）の上昇温度は 1.5℃を超え、2050 年には 2℃、2081 年〜 2100 年には 最大 4.8℃の温度上昇が予測され、地球温暖化が加速します。これにより、多くの動植物が絶滅したり、自然災害などの被害が拡大したりします。

◆ 地球温暖化：二酸化炭素などの温室効果ガスにより、地球全体の
　　　　　　　平均気温が上がり始めていること

Q 問題　日本で平均気温が上昇するとどんなことが起こるでしょうか。

ア．大雨が降る日が減る

イ．猛暑日が増える

ウ．冬日が増える

回答．

💬 **Discussion**

✏ 「地球の温暖化」で、どのようなことが起きるか議論しましょう。自分の意見を書きましょう。

（例）大型台風によって大きな被害が出る　環境変化で絶滅する動物が出てくる

答え

イ. 猛暑日が増える

　日本の平均気温は、1898 年（明治 31 年）以降では 100 年あたりおよそ 1.2℃の割合で上昇しています。特に、1990 年代以降、高温となる年が頻繁にあらわれています。日本の気温上昇が世界の平均に比べて大きいのは、日本が、地球温暖化による気温の上昇率が比較的大きい北半球の中緯度に位置しているためと考えられます。

　気温の上昇にともなって、熱帯夜（夜間の最低気温が 25℃以上の夜）や猛暑日（1 日の最高気温が 35℃以上の日）は増え、冬日（1 日の最低気温が 0℃未満の日）は少なくなっています。

　1 日に降る雨の量が 100 ミリ以上というような大雨の日数は、長期的に増える傾向にあり、地球温暖化が影響している可能性があります。

（国土交通省　気象庁　日本の気候の変化 HP より）

 Discussion

議論のヒント

　極端に暑い日が増加したり、大雨の頻度が増加したりする可能性があります。洪水が起きる反面、異常気象で、水不足も生じ、生活への影響は大きいです。

　多くの野生生物は、環境の変化についていくことができず、減少・絶滅する恐れが出てきます。

　世界平均気温の上昇に伴い、21 世紀中には北極域の海氷域面積が 1 年を通じて減少し、海氷の厚さが薄くなり続ける可能性が非常に高いと予測されています。

　その影響は、農業生産、飲料水の確保、生態系保全、エネルギー供給、インフラなどあらゆる分野に及びます。

　私たち人類や野生生物の絶滅をくいとめ、未来を守るためには、気温の上昇を止めることが必要です。

SDGs 目標 13「気候変動に具体的な対策を」について、自分の考えをまとめましょう。

- -

- -

- -

名前　（　　　　　　　　　　　　　　　　　　　　　）

目標別テキスト

4 択問題

授業実践報告

14 海の豊かさを 守ろう	議論する SDGs　目標 14	名前
	海の豊かさを守ろう	

地球の表面の 70 パーセントは海です。海は広いだけでなく深く、そこには小さな植物プランクトンから大きな魚まで、様々な生物が生きています。日本は周りを海で囲まれ、昔から、海の恵みをたくさん受けてきました。

漁業や観光など、人々のくらしや経済とも深くつながっています。近年の海洋汚染は深刻で、海の環境悪化や生態系に変化が起きています。環境省が海洋生物レッドリストを作り、魚類、サンゴ類、甲殻類、軟体動物（頭足類）、その他の無脊椎動物のうち、56 種 (2017 年) が絶滅危惧種に指定されました。

◆ 海洋汚染：海洋温暖化、海洋の酸素欠乏、海洋の酸性化などによる

問題 日本の海の面積 (領海と排他的経済水域) は陸地の何倍でしょう。

ア．およそ2倍

イ．およそ7倍

ウ．およそ12倍

回答.

環境省 HP

Discussion

海の生物たちが絶滅するなどの危機にあるのは、海の環境が悪くなっているからです。海の環境について議論しましょう。自分の意見を書きましょう。

(例) 海水の温度が上がっている　プラスチックゴミが日本に流れ着いている

答え

ウ.およそ12倍

日本の国土面積は約38万km²（世界で60番目くらい）

日本の領海と排他的経済水域（EEZ）の面積は約447万km²（世界第6位）

■ 領海

1982年の海洋法に関する国際連合条約によって定められた、沿岸国の基線（潮位が略最低低※1
潮面であるときに表される海岸線）から最大12海里（約22.2km）までの水域を指します。

■ 排他的経済水域（Exclusive Economic Zone）

国連海洋法条約に定められた、領海の基線から200海里を越えない範囲で設定される水域。

その沿岸国は、EEZの天然資源の探査や、開発、保全および管理などに関する権利をもっています。

※1 これより低くはならないと想定されるおよその潮位面のこと

 Discussion

議論のヒント

▌平成29年水産庁の調査より

海洋汚染はかなり深刻な状況となっています。

原因は様々ですが、8割は陸地からの影響であると言われ、二酸化炭素や農業及び工業排水、未
処理の下水や油、海洋ごみなどが陸地から海に流れ込み、悪影響を与えています。

温室効果ガスが増えた影響で空気中の温度が上がりますが、海水も熱を吸収することになります。

海水温が上昇し、海流の変化を起こして海洋中の生態系に直接影響をおよぼしてしまいます。

世界中で毎年約800万トンのプラスチックごみが海洋に流れ出ているという試算もあり、
世界中で問題となっています。

環境省 海洋生物多様性保全戦略 公式サイト

✎ **SDGs14の目標「海の豊かさを守ろう」について、自分の考えをまとめましょう。**

名前（　　　　　　　　　　　　　　　　　）

目標別テキスト

4択問題

授業実践報告

陸の豊かさを守ろう

　世界の陸地の 30% は森林です。森林は、光合成によって二酸化炭素（温室効果ガスの主たる気体）を吸収するため、地球上の温暖化対策に大きく関わります。

　また森林の植物や土が水分を保持しているため、水資源としての役わりもあります。森林には、植物だけでなく様々な生物が生息しています。

　気候変動による森林火災や干ばつなどで、水資源が確保できず、森林が破壊され、そこに生存している生物たちのすみかも失われます。

　人口増加とともに農地を開発するために、多くの森林伐採が行われます。焼畑農業の増加や木材のための過剰な伐採なども、森林が減っていく原因です。

問題　日本の森林面積は 40 年間ほぼ横ばいです。森林は国土のおよそ何割にあたるでしょうか。

ア．およそ 3 割

イ．およそ 5 割

ウ．およそ 7 割

回答 　　　　　

💬 **Discussion**

✏️ 森林を守るための様々な方法について議論しましょう。自分の意見を書きましょう。

（例）植林をする。樹木の伐採が違法に行われないようにする

答え

ウ. およそ 7 割

日本の森林面積は、OECD（経済協力開発機構）の先進国の中では、フィンランドに次いで第 2 位です。

日本の国土の約 7 割 (66％) を占めている森林面積は約 2500 万 ha で横ばいです。日本では過去 40 年間森林面積の増減はありません。人工林は昭和 41 年と平成 29 年 (約 50 年間) を比べると約 30％増えていますが天然林・その他は約 15％減っています。

国土の再生や保全、水源の確保、建築材として、杉や檜などの日本の国土に適した、成長の早い樹木を植林しました。人工林は人の手でしっかりと管理していかなければ、機能が発揮されません。花粉症も、戦後の大規模な植林が原因の一つと考えられています。

Discussion

議論のヒント

日本では積極的な森林保全が行われています。森林保全は植林のイメージがありますが、それ以外にも天然林など現存する森林の保護やコミュニティ・フォレスト活動など方法は様々です。

木材やパルプ原料などを使用する製品の生産を目的として植林し、成長した樹木を伐採するため、もとの森林は守られるものを産業植林と言います。慈善活動として、熱帯雨林の再生や砂漠の緑化のための植林は、環境植林といいます。

天然林の保護も行われています。天然林には、昔からの生態系のまま残っているところが多く、研究のためにも保全していかなければなりません。

◆コミュニティ・フォレスト：地域の住民コミュニティが主体となり、地域の森林の保全とその適切な利用の両立を目指す森林管理の手法　　　　　（環境省 HP より）

▟ 世界の森林の現状について知り、SDGs15 の目標「陸の豊かさを守ろう」について、自分の考えをまとめましょう。

名前 （　　　　　　　　　　　　　　　　　　　　）

目標別テキスト

4 択問題

授業実践報告

平和と公正をすべての人に

　日本は、1945 年 8 月 15 日に終戦を迎え、それ以降戦争はしていません。日本人の多くが戦争を知らない世代になっていますが、世界には、まだたくさんの紛争地帯があり、命の危険を感じながら生きている人々がいます。難民の中には、学校に行けず弟や妹を育てたり、路上で働いたりしている子供たちも多くいます。世界には、生まれた環境から抜け出せず紛争や災害などによって苦しい生活をしている子供たちがたくさんいます。

◆ 難民：紛争などで住む場所がなくなり、国外へ避難している人
◆ 難民キャンプ：難民が集まって暮らす場所

Q 問題　難民問題が世界の課題になっています。難民はなぜ発生するのでしょうか。（　　　　）に当てはまる言葉を□から選びましょう。

①　政治的な内戦や（　　　　　　）　　　②　（　　　　　　　）差別

③　（　　　　　　）問題　　　　　　　　④　自然（　　　　　　）

| 人種　　紛争　　災害　　宗教 |

Discussion

　難民問題の解決について議論しましょう。自分の意見を書きましょう。

- -

- -

- -

- -

（例）難民への食糧支援、子供たちに教育を受けられるようにする

答え

① 政治的な内戦や**紛争**　　② **人種差別**

③ **宗教問題**　　④ **自然災害**

難民問題の主な原因は戦争や紛争、革命、クーデター、自然災害などです。戦争や紛争は、人種差別や宗教問題から起きることもあります。それらは、人命を脅かす人災でもあります。さらには、人間の力ではどうすることもできない大きな災害によることもあります。

難民のほとんどの生活は大変きびしく、命がかかっている状況です。十分な食事や安全な水を得られず、不衛生な環境で教育や医療さえ満足に受けられない状態が続いているのです。中には、30年もの間、避難していても、未だに祖国に戻れていない人々もいます。

世界で最も難民を受け入れているのは、トルコで、隣国のシリアからの難民を保護しています。難民の多くは、陸続きのとなりの国に助けを求めることが多く、難民を受け入れる側の国にとっても大きな問題となっています。

Discussion　　議論のヒント

解決するために必要なこととして、国連からは、3つの提言が出されています。
① 平和になった母国へ帰ること　　② 一時的に避難した周辺国での定住
③ 難民を生み出さない国際秩序の構築

SDGsが掲げている「平和と公正をすべての人に」の目標は、以下を掲げ、目指しています。
① 司法や制度に平等にアクセスできるようにする　（法律などで平等に守られる）
② 過酷な状況に置かれている人々の保護　（難民などへの支援）
③ 説明責任の高い仕組み　（汚職などをなくし、正しい政治が行われる）
④ 紛争や犯罪の根絶　（地球上から戦争をなくす）

SDGs16の目標「平和と公正をすべての人に」について、学習したことを生かして、自分の考えをまとめましょう。

名前　（　　　　　　　　　　　　　　　　　）

17 パートナーシップで目標を達成しよう

議論する SDGs　目標17

パートナーシップで目標を達成しよう

　この目標17は、世界中のすべての人が目標達成に協力するということです。国や自治体だけでなく、民間企業（会社）、市民団体、学校、研究機関など、そして私たちひとりひとりが役目を果たすということです。

　日本政府は世界の国々にたくさんの援助を行っています。日本政府が行っている援助にODA（政府開発援助）があります。また、日本の企業もSDGsの目標達成のための活動が加速しています。経団連は革新的技術を最大限活用し最適化された未来社会「Society5.0」を目指し、SDGsの目標達成を呼びかけています。

◆ ODA(政府開発援助)：開発途上地域のための公的資金。資金や援助を行う。
◆ Society5.0：内閣府が出した科学技術基本計画による未来社会のこと
　狩猟社会 (Society 1.0)、農耕社会 (Society 2.0)、工業社会 (Society 3.0)、情報社会 (Society 4.0)

Q 問題　**これまで、日本が支援した国の数はいくつでしょう。**
（日本が承認している国の数は196か国 2020年）

ア．約50

イ．約100

ウ．150以上

回答.

Discussion

途上国への援助の方法にについて議論しましょう。自分の意見を書きましょう。

- -

- -

- -

（例）途上国の人に、日本の優れた農業の技術を教えれば、気候に適した農作物が得られる。

答え

ウ. 150 以上

ODA は Official Development Assistance の略で、政府開発援助のことで、開発途上地域のために使う日本の国が出す資金のことです。

世界には 196（日本が承認している 195 の国に日本を加えた数）の国・地域がありますが、そのうち 146 が「途上国」（全世界の約 74%）と呼ばれています。

（ODA）日本人の私たちだからこそ
世界のために今できること｜外務省（mofa.go.jp）

日本政府は今までに世界中の多くの国・地域に援助を行ってきています。日本も属するアジアの国々への援助が特に多いです。開発援助にも積極的で、例えば、小さな島々からなるキリバスに島と島をつなぐ唯一の道路を建設しました。キリバス政府は日本への感謝を込めてその道路に「ニッポンコーズウェイ」と命名しました。

💬 **Discussion**

議論のヒント

- ODA などによる資金には限りがあるので、今後は、民間投資が期待されています。
- 科学技術を活用し、知識を共有することで支援することができます。
- 途上国からの輸入を大幅に増やし、貿易による支援をします。
- インターネットの普及や技術が遅れている途上国を使えるようにサポートします。
- 外国人実習生などを受け入れ、人材育成によって、途上国が自分たちの力で課題を解決できるようにします。
- 日本の課題である少子高齢化、人手不足は、途上国への支援によって解決する場合もあります。

✏️ SDGs 17 の目標「パートナーシップで目標を達成しよう」について、自分の考えをまとめましょう。

名前　（　　　　　　　　　　　　　　　　　　）

目標別テキスト

4 択問題

授業実践報告

SDGs 4択問題
基本問題

名前

選んで○を付けましょう。

①　SDGs を決めたのはどこですか。

アフリカの国々　　　　　（　　　　　）
日本　　　　　　　　　　（　　　　　）
国際連合　　　　　　　　（　　　　　）
国際連盟　　　　　　　　（　　　　　）

②　いつからいつまでの目標ですか。

2000 年〜 2015 年　　　（　　　　　）
2015 年〜 2020 年　　　（　　　　　）
2016 年〜 2030 年　　　（　　　　　）
2020 年〜 2030 年　　　（　　　　　）

③　SDGs より前の開発目標とは何ですか。

LDGs　　　　（　　　　　）
MDGs　　　　（　　　　　）
NDGs　　　　（　　　　　）
ODGs　　　　（　　　　　）

④　いくつの目標がありますか。

16 の目標　　（　　　　　）
17 の目標　　（　　　　　）
18 の目標　　（　　　　　）
19 の目標　　（　　　　　）

⑤　SDGs が目指していることはなんですか。

地球上の弱い人を取り残さない　　　　　（　　　　　）
地球上の動物を大切にする　　　　　　　（　　　　　）
地球上の多くの人を幸せにする　　　　　（　　　　　）
地球上のだれ一人取り残さない　　　　　（　　　　　）

⑥ **キーワードの5つのPの People とは**

豊かさ　　　（　　　　）
人間　　　　（　　　　）
平和　　　　（　　　　）
地球　　　　（　　　　）

⑦ **キーワードの5つのPの Prosperity とは**

豊かさ　　　（　　　　）
人間　　　　（　　　　）
平和　　　　（　　　　）
地球　　　　（　　　　）

⑧ **キーワードの5つのPの Planet とは**

豊かさ　　　（　　　　）
人間　　　　（　　　　）
平和　　　　（　　　　）
地球　　　　（　　　　）

⑨ **キーワードの5つのPの Peace とは**

豊かさ　　　（　　　　）
人間　　　　（　　　　）
平和　　　　（　　　　）
地球　　　　（　　　　）

⑩ **最後のPの Partnership とは**

友達関係　　（　　　　）
親子関係　　（　　　　）
家族関係　　（　　　　）
協力関係　　（　　　　）

解答

①	国際連合	⑥	人間
②	2016年～2030年	⑦	豊かさ
③	MDGs	⑧	地球
④	17の目標	⑨	平和
⑤	地球上のだれ一人取り残さない	⑩	協力関係

点

SDGs 4 択問題
たく もん だい

目標を覚えよう
もくひょう　おぼ

名前

○○には何の言葉が入りますか？選んで○を付けましょう。
なん　ことば　はい

① **目標1　○○をなくそう**
もくひょう

金持ち　　（　　　　　）　　　　貧困　　　（　　　　　）
かね も　　　　　　　　　　　　　　　　ひんこん

裕福　　　（　　　　　）　　　　富裕　　　（　　　　　）
ゆうふく　　　　　　　　　　　　　　　　ふ ゆう

② **目標2　○○をゼロに**
もくひょう

食料不足　（　　　　　）　　　　満足　　　（　　　　　）
しょくりょうぶ そく　　　　　　　　　　　　　まんぞく

満腹　　　（　　　　　）　　　　飢餓　　　（　　　　　）
まんぷく　　　　　　　　　　　　　　　　き が

③ **目標3　すべての人に○○と福祉を**
もくひょう　　　　　　　　　　　　　　　　ふくし

健康　　　（　　　　　）　　　　病気　　　（　　　　　）
けんこう　　　　　　　　　　　　　　　　びょう き

かぜ　　　（　　　　　）　　　　けが　　　（　　　　　）

④ **目標4　質の高い○○をみんなに**
もくひょう　　しつ たか

遊び　　　（　　　　　）　　　　ゲーム　　（　　　　　）
あそ

教育　　　（　　　　　）　　　　協力　　　（　　　　　）
きょういく　　　　　　　　　　　　　　　きょうりょく

⑤ **目標5　○○平等を実現しよう**
もくひょう　　　びょうどう じつげん

ジョンダー　（　　　　　）　　　ジェンダー　（　　　　　）

ジュンダー　（　　　　　）　　　シェンダー　（　　　　　）

⑥ **目標6　安全な○と○を世界中に**
もくひょう　　あんぜん　　　　　せ かいじゅう

水と食べ物　（　　　　　）　　　お湯とお風呂　（　　　　　）
みず た もの　　　　　　　　　　　　　ゆ　　ふ ろ

水とトイレ　（　　　　　）　　　たばことお酒　（　　　　　）
みず　　　　　　　　　　　　　　　　　　さけ

⑦ **目標7　○○をみんなにそしてクリーンに**
もくひょう

パワー　　　（　　　　　）　　　笑顔　　　（　　　　　）
え がお

元気　　　（　　　　　）　　　　エネルギー　（　　　　　）
げん き

⑧ **目標8　○○○○も経済成長も**
もくひょう　　　　　　　けいざいせいちょう

働きがい　（　　　　　）　　　　やりがい　（　　　　　）
はたら

生きがい　（　　　　　）　　　　教えがい　（　　　　　）
い　　　　　　　　　　　　　　　　おし

46

⑨ 目標9　産業と○○革新の基盤をつくろう

腹話術　　（　　　）　　　技術　　　（　　　　）
美術　　　（　　　）　　　手術　　　（　　　　）

⑩ 目標10　人や国の○○をなくそう

不可能　　（　　　）　　　不思議　　（　　　　）
不死身　　（　　　）　　　不平等　　（　　　　）

⑪ 目標11　住み続けられる○○○○○を

ものづくり　　　（　　　）　　　いえづくり　（　　　　）
むらづくり　　　（　　　）　　　まちづくり　（　　　　）

⑫ 目標12　つくる○○つかう○○　※○○には同じ言葉が入ります

責任　　　（　　　）　　　使命　　　（　　　　）
役割　　　（　　　）　　　任務　　　（　　　　）

⑬ 目標13　○○変動に具体的な対策を

気候　　　（　　　）　　　地盤　　　（　　　　）
景気　　　（　　　）　　　社会　　　（　　　　）

⑭ 目標14　○の豊かさを守ろう

川　　　　（　　　）　　　池　　　　（　　　　）
海　　　　（　　　）　　　湖　　　　（　　　　）

⑮ 目標15　○の豊かさを守ろう

山　　　　（　　　）　　　陸　　　　（　　　　）
森　　　　（　　　）　　　水　　　　（　　　　）

⑯ 目標16　○○と公正をすべての人に

戦争　　　（　　　）　　　平和　　　（　　　　）
争い　　　（　　　）　　　笑顔　　　（　　　　）

⑰ 目標17　○○シップで目標を達成しよう

パートナー　　　（　　　）　　　トレーナー　　（　　　　）
スポーツマン　　（　　　）　　　チャンピオン　（　　　　）

解答

① 貧困
② 飢餓
③ 健康
④ 教育
⑤ ジェンダー
⑥ 水とトイレ
⑦ エネルギー
⑧ 働きがい
⑨ 技術
⑩ 不平等
⑪ まちづくり
⑫ 責任
⑬ 気候
⑭ 海
⑮ 陸
⑯ 平和
⑰ パートナー

点

SDGs 4 択問題
知識問題

名前

選んで○を付けましょう。

① 貧困とは1日の生活費が約いくらでしょう。

100円 （　　　）　　　　　200円 （　　　）
300円 （　　　）　　　　　400円 （　　　）

② 栄養不足の割合が多い地域はどこでしょう。

日本を含むアジア （　　　）　　　アメリカ（　　　）
ヨーロッパ　　　　（　　　）　　　アフリカ（　　　）

③ 世界で5歳まで生きられない赤ちゃんの数はどれでしょう。

5人に1人 （　　　）　　　20人に1人 （　　　）
10人に1人 （　　　）　　　50人に1人 （　　　）

④ 字の読み書きができる人の割合をなんと言いますか。

文字率　　（　　　）　　　識字率　　（　　　）
読解率　　（　　　）　　　教育率　　（　　　）

⑤ 国連の演説でマララさんが求めた権利は何でしょう。

教育を受ける権利 （　　　）働く権利　　（　　　）
選挙する権利　　（　　　）生きる権利 （　　　）

⑥ 安全に、水道の水を飲める国はいくつあるでしょう。

約10か国 （　　　）　　　約100か国 （　　　）
約50か国 （　　　）　　　約150か国 （　　　）

⑦ CO_2 の排出を0にする社会を何と言いますか。

低炭素社会 （　　　）　　　低酸素社会 （　　　）
脱炭素社会 （　　　）　　　脱酸素社会 （　　　）

⑧ 義務教育を受けるべき子供が働くことを何と言いますか。

幼児労働 （　　　）　　　生徒労働 （　　　）
児童労働 （　　　）　　　青年労働 （　　　）

⑨ 生活を支える公共施設、ガス・水道・電気、道路等を何と言いますか。

インフラ　　（　　　　）　　　　インテリ　　（　　　　）

インフル　　（　　　　）　　　　インカレ　　（　　　　）

⑩ 文化の進んだ国を何と言いますか。

発展途上国　　（　　　　）　　　　先進国　　（　　　　）

文化途上国　　（　　　　）　　　　文化国　　（　　　　）

⑪ 世界の人口の半分以上が住んでいるところはどこですか。

都市　　（　　　　）　　　　村　　（　　　　）

いなか　　（　　　　）　　　　海辺　　（　　　　）

⑫ 食べられるのに捨てることを何と言いますか。

食品リサイクル　　（　　　　）　　　　食品ロス　　（　　　　）

食品再利用　　（　　　　）　　　　食品資源　　（　　　　）

⑬ 地球の温度が上がってきていることを何と言いますか。

地球変動化　　（　　　　）　　　　地球上昇化　　（　　　　）

地球炭素化　　（　　　　）　　　　地球温暖化　　（　　　　）

⑭ 海は地球のどれだけを占めていますか。

40 パーセント　　（　　　　）　　　　60 パーセント　　（　　　　）

50 パーセント　　（　　　　）　　　　70 パーセント　　（　　　　）

⑮ 世界で絶滅のおそれがある野生動物のリストを何と言いますか。

イエローリスト　　（　　　　）　　　　レッドリスト　　（　　　　）

グリーンリスト　　（　　　　）　　　　ブラックリスト　　（　　　　）

⑯ 紛争で住む場所がなくなった人が集まってくらすところを何と言いますか。

難民キャンプ　　（　　　　）　　　　平和キャンプ　　（　　　　）

避難キャンプ　　（　　　　）　　　　集合キャンプ　　（　　　　）

⑰ SDGs の目標は何年までに達成できるように助け合うのですか。

2020 年　　（　　　　）　　　　2030 年　　（　　　　）

2025 年　　（　　　　）　　　　2035 年　　（　　　　）

解答

① 約 200 円
② アフリカ
③ 10 人に 1 人
④ 識字率
⑤ 教育を受ける権利
⑥ 約 10 か国
　 脱炭素社会
⑧ 児童労働
⑨ インフラ
⑩ 先進国
⑪ 都市
⑫ 食品ロス
⑬ 地球温暖化
⑭ 70 パーセント
⑮ レッドリスト
⑯ 難民キャンプ
⑰ 2030 年

点

目標1「貧困をなくそう」

1. テキストを使っての授業報告（授業学年・人数／小学3年生・23人）

導入として、一日生活をすると、お金がかかることをイメージさせた。

「朝ごはんは何を食べましたか？」「お昼は、給食ですね。」朝食で、200円〜300円くらい、給食もお金がかかっていることを確認した。一日の生活で、お金がかかっていることについて考えさせ、多くの意見が出されたところで、つぎのように説明した。

> 生活をすると、お金がかかります。日本では、1日3000円くらいかかるといわれています。世界には、1日200円以下で生活をしなくてはならない人々もいます。

❶ 読む

テキストの最初の説明を読んで聞かせた。「1日200円以下での生活とはどのようなものでしょうか？」と聞き、隣同士で相談させるなど想像させた。その後、ユニセフの動画を見せ、感想を言わせた。子供たちからは、「かわいそう」「何かしてあげたい」などの反応があった。動画によって貧困のイメージをもたせることができた。

Q（問題）を読み、取り組ませた。子供たち全員が、すべての項目にしるしを付けていた。解説を読んで聞かせ、感想を言わせた。Qは3年生でも理解できた。

❷ 書く

Discussion に入る前に、補助発問を行った。

・貧困が原因で教育が受けられないことでどんな悪い影響がありそうですか？

・貧困で医療が受けられないことでどんな悪い影響がありそうですか？

意見を発表させ板書した。その後、Discussion の内容を書かせ、意見を発表させた。補助発問をうけて意見を書く児童も多かった。

❸ 議論する

「貧困の解決に向けて、募金をするなら、教育の分野に募金をするか、医療の分野に募金するか？」と発問し、ミニ討論に発展させた。討論を終え、両方ともとても大事であることがよくわかったと話していた。最後に、自分の考えをまとめに書かせて授業を終えた。短い時間ではあったが、「教育」か「医療」かによって議論は活発に行われた。

2. 児童の主な意見

・世界にはとっても貧しい人ってこんなにいるのだなとびっくりしました。貧困をなくすために、募金の活動に協力したいです。

・教育や医療がとても大事だなと思いました。自分の100円や1000円で世界の子どもが助かるなら、むだづかいしないで、そういうことにつかおうと思いました。

目標2「飢餓をゼロに」

1. テキストを使っての授業報告（授業学年・人数／小学3年生・23人）

❶ 読む

黒板に「飢餓」と書き「きが」と読むことを教え、テキストの飢餓の定義を読ませた。テキストの冒頭の説明を読み、ユニセフの動画を子供たちに見せた。子供たちからは、草しか食べていないなんてかわいそうだ、という感想が多く出された。さらに飢餓の状態が続くと、どんな悪いことが起きるか意見を出させた。日本の生活では理解しにくいことを補足しながら、飢餓のイメージをもたせることができた。

Q（問題）の学習では、子供たちはすべてにチェックを入れている子が多く、3年生でも飢餓の原因について、理解できていた。

❷ 書く

児童は食品ロスについては習っていないため、食品ロスに関する簡単な情報を与えるために東京都が作成した食品ロスの動画を見せた。（右のQRコードの動画）

1日1つ、おにぎりを捨てていることに驚いていた。

そしてDiscussionの欄に意見を書かせ、発表させた。世界ではこんなに飢餓で苦しんでいる人がいるのに、食品ロスが多いのはよくないという意見が多く出された。ほとんどが食品ロスを減らすべきだ、という意見だった。飢餓と食品ロスの関係について知り、関心が高まったと思われる。

❸ 議論する

> 食品ロスを少なくするという意見が多く、とても素晴らしいですね。しかし、日本での「食品ロス」が減ったら、さっきの動画の人たちには、何か良いことがあるのですか。

上記を発問し、議論をさせた。「良いことはある」「あまり影響はない」と考えるグループで議論になった。議論が進み、「缶詰にして送ってあげればいい」「お米のまま送ればいい」という意見も出された。しかし、食品ロスを減らすだけでは大きく変えることはできないと思うから寄付もした方がいい、という意見も出された。

2. 児童の主な意見

- 私は食品ロスについては知っていたので、給食やおうちでのご飯は残さないようにしていました。今はそれだけではきがの人を救えないので、おこづかいもためて寄付したいなと思いました。
- おかしなど、くさりにくいものをたくさん送ってあげたいなと思いました。でもまず食品ロスをなくしたいです。

目標3「すべての人に健康と福祉を」

1. テキストを使っての授業報告 （授業学年・人数／小学5年生・33人）

　導入として、国別の5歳未満児死亡率(日本ユニセフ協会資料)を提示し、わかったこと、気付いたこと、思ったことを口々に発表させた。

　子供たちからは「アフリカで死亡率が多い」「日本やアメリカ、ヨーロッパなどの国は死亡率が低い」「思っていたより多くの国で死亡率が高い」など、多くの意見が出された。

---

❶ 読む

　テキストを配付し、最初の説明を読んで聞かせた。

　Q（問題）の学習では、全ての子が記入し、正解した。②ワクチンと④薬の区別が子供たちに付きにくかったため、どちらも正解であることとした。Q（問題）に取り組む過程で、子供たちは日本と違う外国の実態について理解することができた。

❷ 書く ⋯⋯⋯⋯⋯⋯⋯⋯⋯⋯⋯⋯⋯⋯⋯⋯⋯⋯⋯⋯⋯⋯⋯⋯⋯⋯⋯⋯⋯⋯⋯⋯⋯⋯⋯⋯⋯⋯⋯

　Discussionに入る前に、次の補助発問を行った。

　「病気やけがの時、病院に行ったり、薬をもらえなかったりしたことはありますか？」

　その後、日本では病気になったらいつでも病院に行けること、健康保険制度があることを簡単に説明した。「5歳未満の子供の死亡率を低くするためにはどのようにしたらよいか？」と発問し、Discussionの欄に意見を書かせた。

❸ 議論する ⋯⋯⋯⋯⋯⋯⋯⋯⋯⋯⋯⋯⋯⋯⋯⋯⋯⋯⋯⋯⋯⋯⋯⋯⋯⋯⋯⋯⋯⋯⋯⋯⋯⋯⋯⋯

　子供たちからは、「病院を建てる」「日本の手洗いを当たり前にする」「日本の医師が医学を伝えていく」「募金や寄付をする」「水などの環境を良くする」「消毒液や薬を輸出する」など、多様な意見が出た。その後、どれが一番死亡率を低くすることにつながりそうかを4人グループでミニ討論させた。活発に意見を交流する姿が見られた。

---

2. 児童の主な意見

・ 日本と比べて海外は思っていたよりも、貧しいということが分かりました。まずは、お金を寄付し、薬や水、食料を送れば少しは楽になれるかなと思いました。私は、小学校を卒業したらランドセルを寄付してあげたいです。

・ 日本はとてもいいところだなと思いました。日本の当たり前を違う国にも分けてあげればいいと思いました。

・ 大切なのは、水をきれいにすることだと思った。水が汚かったら、感染症にかかったり、寄生虫に寄生されたりする可能性があるから。この授業で、やっぱり日本は恵まれていると振り返りました。何か募金活動に参加出来たら5円でも10円でも参加したいです。

・ 先進国がお金を寄付することが大切だと思います。そうしないと、ワクチンや薬、病院もつくることができないからです。あとは、水をきれいにして衛生管理をしっかりさせ、感染予防策をしっかり教えてあげることが大事だと思います。

・ まず環境をきれいにしないと子どもの命は救えないと思います。水がきれいだと、死亡率は減ると思いました。

授業実践報告

目標4「質の高い教育をみんなに」

1. テキストを使っての授業報告（授業学年・人数／小学6年生・35人）

　導入として、日本・アメリカ・中国・韓国の小学校への就学率がどのくらい高いかを考えさせた。
「日本の小学校への就学率はどれくらいでしょうか？」「北海道から沖縄までの子供たちです。都市部に暮らす子供たちから山間部に暮らす子供たちも含めます。」約100%である。他の3カ国も100%近い結果となった。ほとんど全ての子供が小学校へ通えていることを確認した。

> 日本やアメリカ、中国、韓国のほとんどの子供たちは小学校へ通えているのです。

---

❶ 読む

　テキストの最初の説明を読んで聞かせた。今までの学習やテレビなどの情報から、理解はできていた。「教育を受けられていない子供たちは学校へ行けない間、遊んでいるのでしょうか？」と聞き、自由に発言させた。子供たちからは、「親の代わりに働かされている。」や「親の代わりに家の仕事をしている」という意見が多かった。

　Q（問題）を読み、取り組ませた。ヒントや今までの学習を基に意見を書いていた。書けたら発表をさせていった。解説を読み、動画を見させ感想を交流させた。

❷ 書く ....

　Discussionに入る前に、ターゲットの一部をクイズの形式にして考えさせた。
その後、「これらの目標が達成されないとどのような問題があるでしょうか」と隣の人と相談させた。ターゲットを扱うことで、課題のイメージがより具体的になった児童もいる。

　Discussionの欄に書かせ、意見を発表させた。どのような困ったことがあるのかを自らタブレットPCを使い、調べ出す児童もいた。

❸ 議論する ....

　黒板に児童の意見を書かせ、板書された意見について質疑応答を行った。意見が出し尽くされた後に「最も困ることは、どの課題ですか。」と発問して、ミニ討論をさせた。討論を終えて、子供が大人になったときに困るだけでなく、その子に子供ができた時にも同じような問題が起きる可能性があるという意見に多くの子が賛同していた。

---

2. 児童の主な意見

・学校に行けることが当たり前だと思った。勉強が面倒だと思うこともあった。しかし、一生懸命に勉強しないともったいないとわかった。

・読み書きができないことで、できる仕事も減ってしまう。そのため学校で学習が大切なことがわかった。

・たくさんの困ることが起きることを知った。日本の子供にもランドセルを送る活動などがあることを知った。

目標5「ジェンダー平等を実現しよう」

1. テキストを使っての授業報告（授業学年・人数／中学2年生・30人）

　導入として、これまでの学校生活で、男女が平等でない場面を聞いた。小学校時代に教師から差別された、女子にだけ優しいなどの話題が出た。

　「ジェンダーに関係する数字です」と言い、黒板に、1995年：11.3%、2019年24.3%と板書し、何の数字か質問した。正解が出なかったので、世界の政治家の女性議員の割合であることを伝えた。

　日本は現在何%かを予想させると「10〜30%」という答えが多くあった。

　テキストは左右分けて、1→2→3→4・5→6（使い方のページ参照）の流れで行った。

---

❶ 読む

　テキストの最初の説明を読んで聞かせた。

　Q（問題）を読み、考えを挙手させた。正答率は6割程度であった。「ジェンダーギャップ指数」について、順位は高い方が「男女平等である」ことについて、勘違いしている生徒もいたので確認した。

❷ 書く ···

 　日本は男女平等の国でしょうか？　自分の意見を書きましょう。

　テキストに考えを書かせ、持ってこさせた。その中から意見を3つに分類した。

1 日本は男女平等の国である。2 日本は男女平等の国ではない。3 どちらとも言えない。

❸ 議論する ···

　上記の意見のうち、3の意見を取り上げ議論した。

　2、3の生徒の意見で「昔に比べるとだいぶ改善されているけど、男女平等とは言えない」という意見や「自分の周りであまり男女が平等でない場面を見たことがないので、何とも言えない」という意見があった。男女不平等な制度を生徒が感じる場面は少ないためか、議論はあまり深まらなかった。

---

2. 生徒の主な意見

- 日本は探してみれば差別がいっぱいあるのかもと思います。無くすことはできないけど少なくすることはできるかなと思いました。
- ジェンダー平等についてですが、自分は正直、なぜ女性のこと、あるいは、性同一性障害の人々を尊重できないのかが不思議でたまりません。政治を男で固めてしまっても、女性の声に対応しかねたりしてしまうと思います。
- 日本はあまり男女差別がないと思ったが意外にも多くて驚いた。この状況を誰かが変えなければ、日本は変わらないと思う。私は自分ができ、目が届く範囲だけでも平等に過ごしたい。
- 差別はよくないけど、みんながみんな同じ考えで同じ体型でロボットみたいに量産されると個性というものが無くなってしまうと思った。女の人には女の人にしかできない仕事などもあるが、女の人も男の人がする仕事をしたいと思うし、その逆もあると思う。自由にクリエイティブに仕事できるといいなあと思う。

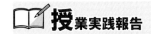

目標6「安全な水とトイレを世界中に」

1. テキストを使っての授業報告 (授業学年・人数／小学6年生・35人)

　導入では、日本の年度別上水普及率のグラフを提示した。最初に表題を隠して「グラフについて分かったこと気付いたこと思ったことは何ですか」と発問をして自由に意見を発表させた。表題を示し上水の普及率であることを知らせた。

> 日本は戦争が終わり、数年間で普及率が約100%近くまでになりました。これは世界的に見て当たり前のことなのでしょうか。

❶ 読む

　テキストの最初の説明を読んで聞かせた。「水道水が飲めない生活、トイレのない生活とはどのような生活だと思いますか」と聞き、隣同士で相談させ、想像させた。

　Q（問題）を読み、取り組ませた。最初に世界の国の数は196カ国あることを伝えた。子供たちの意見は割れたが、その考えの理由も発表させた。次に解説を読んで聞かせ、感想を言わせた。

　その後、ユニセフの動画を見せ、感想を言わせた。子供たちからは、「かわいそう」「何かしてあげたい」などの反応があった。動画により、水が身近にない生活イメージ、トイレを使えないことの問題点を考えさせることができた。

❷ 書く

　Discussion の例を全員で音読させた。安全な水の定義を、パワーポイントで示した。1km以内という定義に驚いていた。この定義を押さえることで意見を具体的に書く子が多くいた。トイレが使えないというのは、水洗のトイレや和式のトイレの有無でなく、トイレ自体がないことも伝えた。男女ともに、「そんな生活を考えられない」と言いながら意見を書いていた。

❸ 議論する

　「井戸を掘ればいい」という意見が出た。この意見に賛成か反対かでミニ討論させた。賛成派は、「井戸を掘ることで、水が出ない場所もあるかも知れないが水を飲める人が増える可能性が増える」という意見があった。反対派は、「出るか分からない井戸をつくるなら、他のことにお金を使った方がいい。」という意見があった。意見が出なくなったころに、井戸をつくっても部品が盗まれてしまうことや壊れて直せないことなどを伝えた。

2. 児童の主な意見

・当たり前に水を使えていました。しかし、このことを当たり前と思わず大切に使っていきたいです。
・水やトイレの大切さが分かりました。世界で困っている人も多くいるため、自分にできることをやっていきたいです。

目標7「エネルギーをみんなにそしてクリーンに」

1．テキストを使っての授業報告（授業学年・人数／小学5年生・33人）

　導入として、脱炭素社会と2050年までに日本が目指す再生可能エネルギー使用率と日本の再生可能エネルギーの使用率について、スライドを使って示した。

　テキストを左右に分けて印刷し、最初に左側を配付した。テキストの1→2→3→4・5→6（使い方のページ参照）という流れで行った。

---

❶ 読む

　テキストの最初の説明を読んで聞かせた。

　Q（問題）を読み、取り組ませた。エネルギーについては、5年生の社会科で学習する内容のため、全員が1つは記入することができた。

　右側のテキストを配付し読ませた。波力や海洋熱などを使った発電もあることに驚いている子供たちがいた。

❷ 書く

　右側ページの「議論のヒント」を参考に、脱炭素社会とカーボンニュートラルについて説明した。

　「2050年までに、カーボンニュートラル、脱炭素社会を実現するためにどのようなことをしたらいいと思いますか。」と発問し、Discussionの欄に意見を書かせた。

❸ 議論する

　子供たちからは、「自動車を電気自動車に変える」「ガソリンスタンドではなく、電気スタンドにする」「太陽光パネルを全部の家に付ける」「節電や節電の時間をつくる」「リサイクルする」「二酸化炭素を無くす技術を開発する」「森林を増やす」など、多様な意見が出た。

2．児童の主な意見

- 太陽光パネルを増やして環境によくないものは、あまり使わないように心がける。使えるものはどんどん使っていくといいと思いました。
- 一番太陽光発電に可能性があると思った。なぜなら、太陽光発電はすぐ設置できるので、これからは家を買う時に太陽光パネルも付いていればいいなと思いました。
- 再生可能エネルギーはいろいろあるのだなと思いました。ふだん、身近にあるものでも本当は、とても大事な再生可能エネルギーだったりするので、大切に使いたいなと思いました。私はこれから節電やリサイクルしようと思いました。
- 地球温暖化は、発電などによる二酸化炭素などが原因で起きているから、植物を増やせばいいと思った。植物を増やせばバイオマス発電もできるし、光合成して二酸化炭素を酸素にできるから。あと、リサイクルや節電などは、意識していきたいと思った。
- 節水や節電は僕たちにもできそうだからがんばりたい。もしもこのままだったら、千葉でも気温が40度いってしまうのではないかと思った。

目標8「働きがいも経済成長も」

1．テキストを使っての授業報告（授業学年・人数／小学6年生・33人）

※ テキストを半分に切り、はじめに左半分を配付した。

❶ 読む

　テキストの最初の説明を読み聞かせた。学習のキーワード「ディーセント・ワーク」の説明は全員で読んだ。Q（問題）は、選択肢を手掛かりに全員が正解できていた。その後、テキストの右半分を渡し、A（答え）のQRコードの動画を視聴した。「ディーセント・ワーク」についての理解が深まった。

❷ 書く

Discussion に入る前に、次の補助発問を行った。

> 議論のヒントに「ディーセント・ワークの実現のために8つのことが考えられる」と書かれています。自分なら実現に必要だと思うのはどれですか。2つ選びなさい。

　選んだものを全員に発表させ、その中で多かったもの2つを全体で取り上げた。
今回の授業では「② 収入は十分である」「⑥ 仕事で身体的、精神的危険を感じることはない」に絞られた。

❸ 議論する

　ディーセント・ワークの実現のために優先すべきなのは十分な収入か、それとも危険がないことか。
　理由をテキストに書き、ミニ討論に発展させた。ミニ討論では、自分の意見を相手に伝えるため、2〜3人のグループで行った。全員が発言することができた。
最後に、自分の考えをまとめ、授業を終えた。どの子もテキストの裏も使うくらい、考えを書くことができた。

2．児童の主な意見

・ 住むため食べるため、服を着るためにはお金が必要です。かといって、危険な仕事につくと自分の命が危ないです。お金と命が守られていれば、働きがいがあると思います。

・ 家庭生活のバランス、自分の精神的危険を感じないなど、平和に働くために相手を尊重し、これからも平等に生活していくと良いと思う。

・ 仕事で危険を感じないと、仕事がはかどるし働きがいもある。そして収入も安定するから経済成長していくと思った。

・ 働きがいはそれぞれ、収入や楽しさ、安心など色々あると思う。しかし、収入がないと生活できないし、危険があっても困る。できるだけ両方ともあると良いと思う。

目標別テキスト　4択問題　授業実践報告

目標9 「産業と技術革新の基盤をつくろう」

1. テキストを使っての授業報告 （授業学年・人数／小学6年生・33人）

テキストを半分に切り、はじめにQ（問題）がある左半分を配付した。

---

❶ 読む

　テキストの最初の説明を読み聞かせた。Q（問題）に取り組む前、イメージをもたせるために1Gから4Gまでの電話の画像を提示した。画像を参考に問題に取り組むことができた。その後、学習のキーワード「5G」についての動画を視聴した。（『Connect future　〜5Gでつながる世界〜』総務省）

❷ 書く

Discussionに入る前に、次の補助発問を行った。

> 世界では、すでに5Gの生活は始まっていると思いますか？
> ① 始まっている　　② 少し始まっている　　③ まだ始まっていない

　3つの中から挙手させ、予想させた。その後、「中国ではすでに始まっている」と伝えると、どの子も驚いていた。

　テキストのA（答え）と説明がある右半分を配付した。

❸ 議論する

　近い未来、できたらいい、あったらいいと思うことは何ですか？

　テキストにできるだけ考えをたくさん書かせた後、グループで意見交流した。友だちの面白いアイディアに盛り上がった。そして、グループで最も画期的なアイディアを一つ決め、全体に発表した。（「動物と話せる」「犯罪者がすぐに捕まる」「アニメやゲームの世界に入れる」「自分の姿を転送できる」など）

　最後に、自分の考えをまとめ、授業を終えた。

---

2. 児童の主な意見

・5Gになり、生活が楽になる。しかし、それを全員ができるようになるには、相当時間がかかる。だからみんなが協力すれば良いと思う。

・近い未来、こんなことがあったらいいなと想像すると、すごく未来が楽しみになってきました。

・最終的には、みんなが不自由なく便利な生活になると思った。

・今は出来なさそうなことを、研究して、何十年後にはできるようになっていたらいいなと思いました。また、出来たらすごい！と思いました。

・4Gから5Gの10年間で大きく進化するなんておそろしいと思います。5Gでこんなに発展したから6Gや7Gになったらどんな世界になるのかすごく気になります。

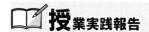

目標10「人や国の不平等をなくそう」

1. テキストを使っての授業報告 （授業学年・人数／小学5年生・35人）

　導入として、世界の人口と日本の人口について確認し、その中には「格差」「不平等」があることを伝える。どんな「格差」があるか質問した。子供たちからは「お金がある人とない人」「男性と女性」などの意見が出された。その後、テキストを配付した。

❶ 読む

　テキストの最初の説明を読んで聞かせた。

　テキストの中の「サービス」という言葉をとりあげ、どんなサービスがあるか意見を出させた。子供たちからは、「食事」「住むところ」「買い物」「交通」「習い事」「医療」などが出た。その後、Q（問題）に取り組ませたが、ヒントを手掛かりに全ての子が記入し、正解した。答えの説明と議論のヒントを読み聞かせた。

❷ 書く

　Discussion に入る前に、次の補助発問を行った。

> サービスの中の「医療」で「格差」があるということはどういうことですか。

　子供たちからは、「辛くても病院に行けない」「ユニセフで予防接種が受けられない子がいると聞いた」など意見が出た。

　その後、Discussion の欄に意見を書かせた。

❸ 議論する

　子供の意見から、「格差」と「差別」がつながる発言が多くあがった。それを受け、「格差が先に生まれたのか、差別が先に生まれたのか」と発問し、ミニ討論に発展させた。討論を終え、「差別」の意識が「格差」を生み出していることや、「差別」がなくなれば、「格差」が減るのではないかという意見が出た。

　最後に、SDGs目標10に対しての自分の考えをまとめに書かせて、授業を終わった。

2. 児童の主な意見

・差別を生んだのは、人間だから、人間がなくせるかもしれないと思いました。また、これを学んで、格差をなくしたいと思いました。

・このように、色々な差別や格差を受けていることを知ったので、そういうことがなくなるように、自分にできることを考えてやりたい。

・世界には格差で苦しむ人がたくさんいると思う。だから、自分にできることをやっていきたい。

・差別から格差が、格差から差別が生まれることは、非常に残念。

目標11「住み続けられるまちづくりを」

1. テキストを使っての授業報告（授業学年・人数／小学5年生・35人）

導入として、「都市」と「村落」のイメージマップを子供たちと一緒に作った。子供たちからは、「都市」は「人がたくさんいる」「交通が便利」「テレビ局などが集中している」「明るい」などが出た。一方、「村落」は「畑などが多い」「自然が多い」「人が少ない」「病院や店が少ない」「暗い」「星がきれい」などが出た。

自分たちが住んでいるのは、どちらかと問うと、「都市」だと答えた。その後、テキストを配付した。

---

❶ 読む

テキストの最初の説明を読んで聞かせた。

テキストの中の「第一次産業」という言葉が理解できない子が多数いたため、「畑を耕して農作物を育てたり、魚を捕ったり、家畜を育てたり、世の中に最初に生まれた産業のことを第一次産業と言います。社会で学習した農業や水産業などがあたります。」と伝えた。

その後Q（問題）に取り組ませた。ヒントを手掛かりに、全ての子が記入し、正解した。答えの説明と議論のヒントを読み聞かせた。

❷ 書く

Discussion の欄に意見を書かせた。付け加えることができる人は、さらに「都市部に人が集中しないとよいこと（メリット）は何か」についても書かせた。

❸ 議論する

子供たちは、都市部について、多くのデメリットをあげたため、将来、どちらに住みたいか考えさせた。しかし、村落に住みたいと考える子はいなかった。

この現状をどうすれば解決できるか、さらに考えさせ、深めることが課題となった。

最後に、自分の考えをまとめに書かせて、授業を終わった。

---

2. 児童の主な意見

・私も、都市から村落には住むことはないと思いますが、少しでも都市から村落に住む人が多くなると環境問題などがなくせるかもしれないと思いました。

・都市、村落は同じくらいの人数がいいと思います。そのために、村落でも、サービスを充実させることが重要だと思います。

・都市部はいいけれど、やっぱり村落も大事にしないとなぁと思いました。

・平等に住むことが大切なんだなと思いました。でも、平等にするのは、難しいと思いました。

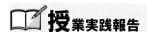

目標12「つくる責任 つかう責任」

1. テキストを使っての授業報告 （授業学年・人数／小学4年生・34人）

　導入として SDGs のロゴを見せ、２０３０年までに達成したい目標が１７個あること、その中の１２を勉強することを伝えた。

❶ 読む

　テキストの最初の説明を読んで聞かせた。総合的な学習の時間に「環境」の学習を行っており、食品ロスについての動画も以前見ていたため、その動画の内容を話して思い出させた。食品ロスの定義を押さえ、「給食の食べ残しはその後どうなると思いますか？」と質問すると、多くの子が「捨てられる」と答えた。「まだ食べられるものだけれど、残した物は捨てられてしまいます。こういうものが食品ロスです。」と確認した。

　Q（問題）を読み、取り組ませた。ヒントを手掛かりに、どの子も選んで書くことができた。Aで答え合わせをして、解説を読んで聞かせた。食品ロスの量は、生産されたものの３分の１ということで、「３個作ったら１個、３００個作ったら１００個捨てているということです。」と具体的な数にして話すと「多い」「もったいない」という声が子供たちからあがった。食料自給率についても、日本は多くの食べ物を海外から輸入していること、それなのに３分の１は捨ててしまっていることを話した。

❷ 書く

　議論のヒントを読んで、具体例を出して説明した。《家庭系食品ロス》では、家で料理をする時に野菜や果物の皮をむいたり、茎などの固い部分を食べずに捨ててしまったりすることがあること、《事業系食品ロス》では賞味期限や消費期限というものがあって、店では期限前でも売ってはいけなくなることを話した。その後、Discussion の欄に意見を書かせた。

❸ 議論する

　書いたことをもとに、「食品ロスを減らすにはどうしたらよいか？」の意見を発表させた。子供たちからは「たくさん買いすぎない」「賞味期限を見て、古いものから食べる」「食べる量を考えて作る。残ったら次の日に食べる。」「残った食べ物は肥料にすればいい。」という意見が出た。食品ロス以外にもすぐに捨ててしまうものが多くあるという話をして、SDGs 目標 12 について、自分の考えをまとめさせた。

2．児童の主な意見

・必要な分だけつくり、必要な分だけ買い、なるべく大切に扱うこと。つくる側もつくる量を調節することが大事だと思った。

・ぼくたちにもつかう責任があるから、感謝して食べたり使ったりしたいと思う。

目標13「気候変動に具体的な対策を」

1. テキストを使っての授業報告（授業学年・人数／小学4年生・34人）

　理科の時間に、水が温められた水蒸気は「気体」であること、空気の中には水蒸気の他にもいろんな気体が混ざっていることについて学習した。空気中の気体の1つである二酸化炭素について学習することを伝えた。

❶ 読む

　テキストの最初の説明を読んで聞かせた。空気の中の気体の1つに二酸化炭素というものがあること、それが増えることによって気温が上がってしまうこと、昔に比べて気温の上がり方が大きくなっていることを説明した。

　Q（問題）を読み、取り組ませた。3択問題から1つを選ばせて、挙手で人数を確認した。正解である「イ．猛暑日が増える」を選んだ児童が多かったが、アも2名いた。答え合わせをして、解説を読んで聞かせた。世界に比べて日本の気温上昇が大きいこと、その理由は北半球の中緯度という日本の位置に関係していることを、図を描いて説明した。

❷ 書く

　議論のヒントを読み、読んだだけでは理解が難しい部分を解説した。人間の生活はエアコンを使えば、暑くても寒くても部屋の中にいればそれほど困らずに生活できる。しかし、野生生物は暑くなったり寒くなったりすると、具合が悪くなったり食べ物が無くなったりして死んでしまう。また、ある生き物がいなくなるとそれを食べていた生き物も死んでしまう。平均気温が上がっていることで、北極海にある氷が解けていることなどについて話した。その後、Discussion の欄に意見を書かせた。

❸ 議論する

　「地球温暖化でどのようなことが起きるか」について意見を発表させた。子供たちからは「北極の氷が解けたら、動物たちも死んでしまうのではないか」「暑い日が増えると熱中症になる危険も高まる」「温暖化で食べられない食べ物が出てくるかもしれない」などの意見が出た。その後に「二酸化炭素を出さなくすることは出来ないのか？」「二酸化炭素を減らすにはどうしたらいい？」や「エアコンをあまり使わないようにした方がいい」「人間が二酸化炭素を出さないように気を付けて生活すればいい」など、どうしたらよいかという話し合いに発展した。

2. 児童の主な意見

・木は二酸化炭素を吸って酸素を出すから、たくさん植えて二酸化炭素を減らせばいい。

・二酸化炭素を出さないように、二酸化炭素がたくさん出る車や物をあまり使わないようにする。

目標14「海の豊かさを守ろう」

1. テキストを使っての授業報告 （授業学年・人数／小学 5 年生・11 人）

導入として日本地図を提示し、日本は周りを海で囲まれていることを確認した。「『海の豊かさを守る』ことについて考えましょう。」と伝え、テキストを配付した。

❶ 読む

テキストの最初の説明を読んで聞かせた。海に近い本校は、生活科や総合的な学習の時間を使って海洋教育を実施している。児童たちは、ふるさとの海とそこにすむ魚たちに愛着をもっている。社会科の授業で学習した水産業や環境についても思い出させながら進めた。レッドリストや絶滅危惧種について、わかりやすく解説をした。

Q（問題）に取り組ませた。日本の海の面積は陸地の何倍かについては、「イ　およそ 7 倍」と思った児童が多く、正解の「ウ　およそ１２倍」を選んだのは少数であった。正解を知り、我が国の海の広さに驚いていた。

❷ 書く

海の生物の絶滅危機の要因は海の環境が悪化しているからである。「海の環境とは何か」発問し、確認した。その後 Discussion の欄に「海の環境が悪くなることについてどう考えるか」について意見を書かせた。

❸ 議論する

海岸にプラスチック製品がたくさん落ちていることから「魚やウミガメがレジ袋をクラゲなどのえさと間違えて食べてしまい、死んでしまう」「魚は前にしか進めない。だからレジ袋の中に入り込むと出られなくなって死んでしまう」という意見が出た。また、排水も海の汚染の原因になっていることから「油を排水溝に流さない」という発言があり、各家庭で揚げ物の油をどのように処理しているかが話題になった。「海が汚れるとお父さんが漁に行けなくなる」「スノーケリングでオヤビッチャやソラスズメダイが見られなくなる」「民宿に来るお客さんが減って、お母さんが困る」と生活に関わる話に発展した。さらに、「海をきれいにするには、陸地もきれいにすることが必要だ」という意見もでた。

2. 児童の主な意見

・資源をゴミにせず、リデュース・リユース・リサイクルする。

・必要のないレジ袋やストローはもらわない。エコバックやマイボトルを使う。

・海の資源を守るためには、海のゴミや汚れをなくすことが大切。それを実現するために、みんなが協力して取り組むことが大切。

・海を守ることは地球を守ることだと思う。

・今日の勉強を未来につなげたい。

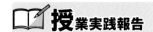

目標15「陸の豊かさを守ろう」

1. テキストを使っての授業報告（授業学年・人数／中学2年生・30人）

　導入として、SDGsの意味と2030年までの人類共通の目標であることをスライドを使って押さえた。テキストは左右に分けて、1→2→3→4・5→6（使い方のページ参照）の流れで行った。

❶ 読む

　テキストの最初の説明を読んで聞かせた。
　Q（問題）を読み、考えを挙手させた。正答率は4割程度であった。「ウ．およそ7割」と答えた生徒が多かったのは、盆栽が有名な地区で、緑が多いためだと考えられる。
　A（答え）のテキストを配付し各自で読ませた。「日本の森林面積は世界で2位である」「森林の影響で困ったことも起きている」ことについて説明した。生徒は、興味深く解説を読んでいた。

❷ 書く

> 森林を守るための様々な方法について議論しましょう。自分の意見を書きましょう。

　議論の欄に考えを書かせ、持ってこさせた。その中から3つの意見を取り上げ議論した。
　1一家で1本、木を育てる。　2森林の周りにバリケードを作る。　3これ以上人口を増やさない。

❸ 議論する

　森林を保護するために費用がかかることや、今回の「15 陸の豊かさを守ろう」を達成するために、他の目標に影響が出てしまうことにも議論が進んだ。感想の中にも、目標達成の難しさや、困難でも世界のために努力を続けていかなければならないという思いが書かれていた。

2. 生徒の主な意見

・例え、SDGs15の目標が達成できたとしても、それにより違う目標の達成が難しくなってしまう。無限ループのようにも思えるが、目標の完全達成まではいかなくても問題を小さくすることが大事だと思う。

・私は将来、世界中で家を建てる人になって木と人とがとても近い存在になるような家を建てたいと思っている。地球の未来をしっかり考えていきたい。

・何かを失わなければ何も得ることはできないと思う。だからこそ利点と欠点を理解し、たくさんの知恵を出し合わなければいけないと感じた。

・森林を大切にするべきだとは思うが、それだけにこだわると他の課題が生まれてしまうから、どちらもおろそかにしない方法を考えるべきだと思う。森林の大切さを知ったり、増やしたりするなどの小さな積み重ねが日本を良くしていくと思う。

・森林を大切にするためには、何か一つ失うものがある。それはとても苦しいことだと思った。でも、今日みたいに賛否両論のあることが大事だと思った。

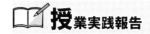

目標16「平和と公正をすべての人に」

1. テキストを使っての授業報告 （授業学年・人数／中学1年生・30人）

❶ 読む

　テキストの最初の説明を読んで聞かせた。その後、難民の意味を確認した。説明のすぐ下に書かれているので、確認がしやすかった。そしてQ（問題）に取り組ませた。難民の原因について紛争などは知っていたものの自然災害が入ることは知らなかったようだった。

❷ 書く

　Q（問題）後、Discussion の欄に意見を書かせた。議論のヒントや（例）があるので、どの子も意見を書くことができていた。例えば、以下のような意見が出た。

・未来の子供たちのために教育を受けられる環境をつくる。

・十分な食事ができるようにする。

・受け入れる側の準備をきちんとした方が良い。

❸ 議論する

　Discussion に書かせた意見を発表させたところ、「全ての国が平等に難民の人に対してお金を出し合って支援すればいい」という意見が出た。そこでこの意見を議題にミニ討論を行った。討論での賛成、反対の主な意見は次である。

　《賛成側》

・SDGs はすべての国で取り組むことになっている、全員で取り組むことが大切だと思う。

・やらないところがあると不公平感がある。

　《反対側》

・国には格差があるから、平等に行うのは逆に不公平だと思う。

・紛争が起こっている国は入れないほうが良いと思う。

2．生徒の主な意見

・みんなが小さな支援をしていけば、救われる世の中になっていくと思う。

・難民のことを知って、今の生活が当たり前じゃないと分かった。世界で協力することが大切。

・難民の人を助けてあげたいという気持ちがあっても実行することはとても大変で、費用など様々な課題をクリアしていかなければならないのだと分かった。

・世界中でお金を出し合うことは難しいかもしれないが、少しずつでも出せば、改善されるかもしれない。私も募金しようと思う。

目標17「パートナーシップで目標を達成しよう」

1. テキストを使っての授業報告（授業学年・人数／中学1年生・30人）

❶ 読む

　テキストの最初の説明を読んで聞かせた。ＯＤＡ、Society5.0 などの意味を下の欄で確認した。また Society5.0 の様子がイメージできるように政府広報オンラインで公開されている動画を見せた。子供たちは、未来社会の様子を見て驚いていた。その後、Q（問題）に取り組ませた。答えを見た子供たちは日本が支援した数の多さにさらに驚いていた。

❷ 書く

　Q（問題）後、Discussion の欄に意見を書かせた。例文、議論のヒントがあるので、意見を書きやすかったようだ。どの生徒も意見を書いていた。以下、生徒の意見。

　・貧しい国々にスマート農業の技術を教える。

　・まずは途上国の人と仲良くする。

　・発展していない国を優先的に、無料で便利な機械などを提供する。

❸ 議論する

　Discussion の欄に書いた意見を発表させた。

意見は大きく分けて、「物をあげる」支援と「技術を教える」支援に分かれた。どちらの支援の方を進めるべきか、ミニ討論を行った。討論での意見は以下である。

「物をあげる」派

・技術を身に付けるのは時間がかかるから、物をあげることを優先した方がいい。

・日本は物があふれていて、捨てている物もあるから、どんどんあげたほうがいい。

「技術を教える」派

・物をあげるだけだと、いつまで経っても自分たちの力で生活できない。

・技術を教えれば、自分たちで儲けてより良い生活になる。

最後に、実際にどちらも行われていること、どちらも必要であることを伝えた。

2. 生徒の主な意見

・日本の未来では今よりもっとすごい技術が開発されているはずだから、それを使って途上国を支援したい。

・途上国にお金をあげるだけでなく、技術を教えて自分たちの力で問題を解決できるのが一番良いと思った。

・パートナーシップで大切なのは、できることからやっていくことだと思った。私も自分にできることを考えて取り組んでいきたい。

第 **2** 章

SDGs対談

新学習指導要領を踏まえたSDGsの実践

1　モラルジレンマの重要性

2　環境に関わる問題を身近な生活の中で発掘して授業化を

3　環境教育の歴史

4　日本のSDGsの認知度と実践の方向性

5　SDGsの具体的な取組み

SDGs対談
持続可能な開発のための2030アジェンダ

新学習指導要領を踏まえたSDGsの実践

向山行雄氏（敬愛大学教授 教育学部長、元全国連合小学校長会会長）、谷和樹氏（玉川大学教職大学院教授）が新指導要領を踏まえたSDGsの実践はどうするのかを具体的に提案!

＜対談動画＞

1. モラルジレンマの重要性

谷 SDGsが教科書に掲載されるようになりました。そこにどんなことを期待されますか。

向山 今年から全面実施になった新学習指導要領（中学校では来年度から）では、持続可能な社会の創り手を育てるという一文があります。この指導要領をどう具現化するかということが期待することです。

学校では子供たちにジレンマ型の考える指導をさせてほしいと思っています。

５０年くらい前になりますが、うちのおふくろがたくあんを漬けていて、そのたくあんを兄貴（向山洋一氏）に頼んで、親戚の家に新聞紙にくるんで持って行かせたんです。だけど、電車の中でたくあんが臭っちゃうから、たくさんの人から見られちゃって、二度とたくあんを持っていくのは嫌だと泣きついたってことがあったらしいのです。

何が言いたいかというと、昔はレジ袋（ビニール袋）がありませんでした。これは、２０世紀の大きな発明です。ビニール袋に入れればほとんど臭わないです。そういう発明品を作って便利だから人々はたくさん使うようになったのだけど、今度はレジ袋をやめてくれと有料化になりました。

谷 そうですね。レジ袋が有料化になって、エコバッグを持つ人が増えました。

向山 素晴らしいものを発明して、その恩恵にあずかっているのだけれども、環境に負荷を与えてしまう面もある。

SDGsって、そういう面が大きいのだと思います。

谷 レジ袋を取り上げても、ジレンマ教材として子供たちに葛藤させながら考えさせることができそうだということですね。

向山 レジ袋の代わりになるエコバッグを持ち歩いている人がいます。

谷 私は持ち歩いています。

向山 重量的にいうと、エコバッグはレジ袋の１０倍くらいの重さがします。それに様々な加工の手間暇がかかるので、少なくとも５０回は使わないと環境負荷と相殺できないらしいのです。

じゃあ、エコバッグを使えば環境に負荷を与えていないのかと言えば、そうでもないのです。

つまり、いろいろなことが便利さと引き換えになっているということです。

そこを学校教育で追究してもらいたいです。

CHECK
■ レジ袋有料化 とは
経済産業省により、2020年7月1日から日本全国でプラスチック製買物袋（レジ袋）が有料化されることになった。レジ袋を有料化することで、それが本当に必要かを消費者に考えさせ、ライフスタイルを考え直すきっかけになることが目的とされている。

CHECK
■ モラルジレンマ とは
アメリカの心理学者コールバーグが1970年～80年代にかけて提唱した道徳教育の理論。二つの道徳的価値を対立させて考えさせることで、道徳的判断力を養う道徳教育の手法。日本でも1990年代から荒木紀幸などを中心に学校教育の現場でも幅広く実践されてきている。

向山 行雄　敬愛大学教授 教育学部長
Mukouyama　Yukio　元全国連合小学校長会会長

谷 和樹　玉川大学教職大学院教授
Tani　Kazuki　TOSS代表

2. 環境に関わる問題を、身近な生活の中で発掘して授業化を

向山　谷さんは安いビニール傘を使いますか。

谷　もちろん使います。

向山　あれは一番安いと８９円で売っているらしいですね。

　日本では年間で１億３０００万本くらいの傘を作っているそうです。

谷　国民一人一本平均くらいですね。

向山　そのうち８０００万本がビニール傘なのです。（出典：産経新聞ニュース）

　おそらく５０００万本くらいはすぐに痛んでしまうと思います。それにリサイクルできません。

　小学生は親からもらった傘を使うけれども、中学生や高校生、大学生なんてほとんどビニール傘を使うでしょう。

谷　透明なやつですよね。

向山　透明なやつ。風強いとすぐ折れちゃうよね。

谷　すぐ折れます。

向山　駅のところもいっぱい置いてありますよ。

谷　はい。

向山　非常に便利ですよ。あれ安くて。軽くて。僕実は１年くらい前に使い出したら、もう軽くて。

　ちょっとした散歩に楽でね。いい傘より楽だから

手軽に使うけれども、すぐ壊れる。環境負荷的には、やっぱりよい傘は持ってた方がよい。

　例えば、国際平均で行くと５０％ぐらいが折りたたみ傘を持っているけど、日本は２０％ちょっとで半分くらいですって。あとはビニール傘を使うようです。

　つまりね、このビニール傘だって中学高校生、便利だと思って使う。知らず知らずのところで、リサイクルできないような傘をさしてるというようなことを、身近な生活の中で発掘して学校の教材として授業してほしい。というのが、期待としてあります。

谷　なるほど。面白いですね。

ご覧になっている方も、かなりの方がビニール傘をお使いになっていると思いますけども、一方でレジ袋はできるだけ買わないようにしていますから。

向山　そうなんですよ。だからね、一面だけとらえているのですよ。環境に対して何かをやっていればそれでいいのだと。

　例えばね、ゴミの原料というテーマでもいいと思うのですよ。この１５年で、ゴミは１日平均２００g減っています。

　２００５年には１人が１日１kgちょっとゴミ出していた。今は、９００gぐらい。で、２００gぐらい減っている。１日で１人です。だから、日本人も確実にゴミ減量化に取り組んでいます。ものすごく自分は努力をしていると、みんな思っている。

　谷さんのところも、洗濯機の自動乾燥機あるのですか。

谷　あります。

向山　何が言いたいかというとね、ある大学の研究グループが突きとめたらしい小さなプラスチック粒子についてのことです。日本より欧米の方が海の中で多いらしいですが、マイクロプラスチック（MP）が、突き詰めていくと、乾燥機を使っている方が衣服から粒子が出ていってしまって、海を汚しちゃうというというのです。

　これ僕が調べたところでは、６kgのポリエステル（ジャンパー１着ぐらいですね）から、５０万粒子MPが出るというのです。１着ですよ。それで、うちの娘たちも皆さんも、普段忙しいから洗濯して自動乾燥機に入れて、そして乾かしている。

　おそらく、誰もそんなに環境に負荷をかけていると思ってない。自分はエコバッグ使っているし、ゴミも分別していると。でも知らず知らずに、豊かな暮らし、便利さの中で、実は、乾燥機から大量のMPを海に出しているということをあまり知らない。

谷　乾燥機使わない方が、環境にやさしい？

向山　要するにそうなのですよ。しかし使わないと不便だよ。

谷　乾燥機にもよるのでしょうか。業務用の、コインランドリーなんかに行くとかなり高温でやってくれますね。

向山　僕が読んだ本の中には「乾燥機」としか書いてないけど、つまり、便利さとひきかえに環境に負荷をかけてきたわけです。実は、環境のことを言っている人も意外に知らず知らずそういう生活をしています。

　この間もある研究会に行って先生たちが、環境問題といって、海洋プラスチック問題を扱っていました。

　先生方は瓶のビール買いますか、缶ですかって突然僕が、２０人ぐらいに聞いたらね、みんな缶ビールでした。谷さんは？

谷　圧倒的に缶ビールです。

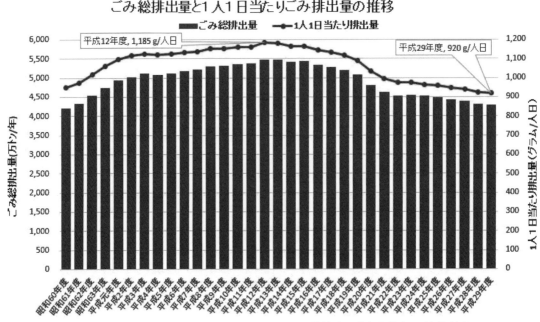

ごみ総排出量と1人1日当たりごみ排出量の推移

環境省の「廃棄物処理技術情報」より

向山　俺はあの２０本入りのケースを買いに行くよ。ちょっと安いし美味しいから。重たいよ、あれ。２ケース買うと。

　それで、どっちが環境に優しいかっていうと、圧倒的に瓶なのですよ。

　結構、色々なことを言いつつ、環境が大事だとか言いつつ・・・。

谷　缶ビールは飲むのだと？

向山　缶ビールは飲むのですよ。ビニール傘もさす。乾燥機も使うっていう。それは大人バージョンだけど、子供たちの日々の暮らしでも、（SDGsって環境だけじゃないけれども）・・・。

谷　いっぱいありますよね。
子供の世界は子供の世界で、例えばスターバックスじゃないですけど、ファーストフード的なお店に行くと、ストローをどうするとか、今いっぱい話題になっていますよね。紙のストローなのかとか・・・。考えれば素材はいっぱいありそうだと？

向山　素材はいっぱいあると思います。

谷　今、SDGｓがはじまってきて、先生がおっしゃったような授業、もちろん環境に限らず色々な面からやっていこうと思うと、地域の企業との連携ですね。

　カリキュラムマネジメントと言われましたけれども、「地域の資源を使いなさい」と、「それをカリキュラムに組み込んでいきなさい」ということで、中教審のときからずっと言われてます。

　このSDGsということがはじまって、企業と連携して専門の方と子供たちがつながりながら勉強していくのは大事ですよね。

向山　大事なことですね。

谷　なんとなく企業が入ってくると宣伝色が強くなるので控えてほしいとか、一部そういうことを気にされる学校の先生方もいらっしゃるようですが、むしろそういうのは積極的に入れていったほうがいいと思うのですが、いかがですか。

向山　本当にその通りだと思います。民間の努力とか、民間とどう連携していくかというのは、もうかなり前から先進的な学校は取り組んでいっています。何か公共的な機関だけしか許されないような、かたい人が中にはいないわけではないけれども、民間の良さというのはどんどん取り上げていく必要があると思いますね。

谷　そうですよね。そういう方向性をもっともっと打ち出していかなければいけないと思います。ただ残念ながら、コロナの中で子供たちがなかなか外に出ていけない、人との関わりが大事なのに関わっていけないという、この「withコロナ」の時代がもうちょっと続くんじゃないかと思うんですけど、そういった中で、子供たち同士のディスカッション、それから外部の人材との交流、それらが難しくなっていると思います。

　SDGsを進めていきたいのだけれど、それどころじゃないという現場の声があります。

向山　SDGsというのは今年の新学習指導要領の大きな目玉ですよね。

谷　前文、総則にも書かれてあります。

向山　前文にも書かれてありますし、改訂の経緯でも、子供たちが成人して生きていく十年後は非常に厳しい挑戦を強いられているということがまず前書きにあって、だから必要な資質・能力をつくっていく。そのキーワードが、「持続可能な社会の創り手」という言葉ですから。

谷　ご覧になっている先生方のために、今学習指導要領という言葉が出ましたので、ご紹介しますと、小中学校両方とも、新学習指導要領の前文という、いちばん最初の（総則のひとつ前に出てくる）文章に、
「これからの学校にはこうした教育の目的および目標の達成を目指しつつ、一人一人の児童（生徒）が、自分のよさや可能性を認識するとともに、あらゆる他者を価値のある存在として尊重し、多様な人々と協働しながら様々な社会的変化を乗り越え、豊かな人生を切り拓き、持続可能な社会の創り手となることができるようすることが求められている。このために必要な教育の在り方を具体化するのが、各学校において教育の内容等を組織的かつ計画的に組み立てた教育課程である。」

と書かれた上で、さらに総則の中にも、
「豊かな創造性を備え持続可能な社会の創り手となることが期待される児童に」
というのが出てくるわけですね。ですから再度確認をしておいていただければと思います。

向山 つまり、キーワードですよね。「持続可能な社会の創り手」が、SDGs、17個あるうちの目標が、例えば1、2、3、特に貧困とか、飢餓とか女性活躍、福祉、ジェンダー、どれ一つとっても簡単な話ではない。

谷 巨大(なテーマ)ですね。

向山 巨大(なテーマ)ですよ。スローガン的にはどれも正しくて、誰も反対しない。

谷 正しいですよね。

3. 環境教育の歴史

向山 世界中のどういう人たちももれなくやっていこうと、相当なお金をかけてもやりましょうと国連で決めたわけですけども、どれ一つとっても大変ですよ。

さっきから環境の話を出しているけども、1972年にローマクラブというところが『成長の限界』という本を出しました。このままでいくと地球の資源がなくなっちゃうという本を出したけど、もうそれが50年近くも前のことですよ。

『成長の限界―ローマ・クラブ
「人類の危機」レポート』
ドネラ H.メドウズ 著
1972年ダイヤモンド社

谷 それが出発点でした。

向山 出発点でした。それから環境教育をものすごくやりましたよ。僕だって、空き缶をどうするかとか『ビール瓶と旅』というのは、まさにあれも瓶とリサイクル。

ちょうど缶ビールが増える頃でね。そういう実践を一杯やってきたのです。

私が東京都の教育委員会の時に、環境教育担当指導主事というのをやりました。50の区市に必ず一人ずつ環境教育担当指導主事というのがいて、年に4回程度集まって会合して、実践事例を交流しました。

子供にも副読本を配りました。もう何十年もやってきてます。もう30年も前から。(環境教育を)やってきて、環境問題も確かに、一定程度ゴミは減量化されたし、大気汚染も、水の質も、よくなってきたのは確かです。

谷 よくなってきましたね。

向山 海洋のプラスチックごみが出て来るという新たな問題も出現している。だから、どれ一つとっても大変。

ジェンダーだって、昔、男女平等教育担当指導主事ってやっていたのですよ、僕。男女平等教育について実践をしてもらって、事例を集めて冊子にして発表会もやっていました。僕の駆け出しの頃ですから、30年前ぐらいかな。

谷 そうすると、気候変動、環境で指導主事がいて、ジェンダー、今はLGBTQということになっていますけれども、これで指導主事先生がいらっしゃって、全部指導主事先生をつくるのかということになりますよね。

ただでさえこのコロナの中、先生方の時間が足りない。どうやって子供たちに学力を保証するのかと言っている中で、そんな一つ一つ大きな問題をできないですよね。どうやって今のカリキュラムの中に入れていくのか、今年、来年ぐらいのスパンで考えても相当難しいのではないでしょうか。

4. 日本のSDGsの認知度と実践の方向性

向山 まず、SDGsの認知度。残念ながら日本は低いことは確かですよ。昨日(2020年9月2日)の読売新聞で、月1回SDGs特集をやるけれども、この中に世界各国の認知度が載っています。

谷 認知度ランキングが載ってます。

向山 世界経済フォーラムで28か国あって、日本

ビリでしょ。

谷　日本28位ですよ。

向山　1位トルコだけど、2位中国で、3位インドなんですよ。

谷　凄い。これは…。

向山　中国に比べて、こんなに低いわけですよ。イギリス、アメリカも。低いでしょ？認知度。じゃあ中国が、これだけ高くて、やってるかという問題もあるよ。

でも、少なくとも調査した国の中では日本が1番ビリなわけです。だから、まず認知しなきゃいけないでしょ。新しい学習指導要領も。

それから、さっき谷先生がおっしゃっていた、ただでさえ忙しい中でどう実践していくのかというのは、まさに「カリキュラム・マネジメント」だと思います。

向山　東京の江東区に、八名川小学校という学校があります。今僕の後輩が校長をやっているんで

【SDGs　認知度世界ランキング】

	国名	聞いたことがある	よく知っている
	世界平均	74%	26%
1	トルコ	92%	53%
2	中国	90%	52%
3	インド	89%	55%
4	ペルー	87%	37%
5	ブラジル	87%	32%
6	スウェーデン	87%	33%
7	マレーシア	87%	29%
8	サウジアラビア	83%	51%
9	メキシコ	83%	32%
10	南アフリカ	83%	27%
11	ハンガリー	80%	20%
12	チリ	79%	29%
13	ポーランド	79%	26%
14	スペイン	79%	22%
15	ドイツ	79%	17%
16	シンガポール	77%	35%
17	ロシア	77%	21%
18	韓国	74%	19%
19	イタリア	74%	11%
20	アルゼンチン	73%	22%
21	ベルギー	67%	16%
22	オランダ	66%	18%
23	フランス	54%	11%
24	オーストラリア	51%	16%
25	カナダ	51%	11%
26	アメリカ	50%	20%
27	イギリス	49%	13%
28	日本	49%	8%

出典：世界経済フォーラム　2019年9月記事より

すけども、ここでESDの頃から（SDGsの教育を）やっています。これは、SDGsのカレンダーなんだけども。

つまり、余計なものを取りながら、学校のカリキュラムにマップで入れていって、この学校では3つか4つに概念を絞っていって、いろんな教科と結び付けてやれるようにということをESDの時代からやってきている。

何年か前の国会の予算委員会のときに、ある議員さんがこの学校を紹介して、国会でやったこともあったわけです。

賞も取ったりしてるんだけど、こういう先進校の中でカリキュラム・マネジメントなんかを使って、そして整理していく。その学校の実態、子供の実態、地域の実態に合わせてね。そうしないと、パンクしちゃいますから。

どれも一個一個、個別でやるのは大変なんだけど、基本的にはこれを支える担い手という観点で、学習指導要領を確実に作っていく。そして、ベースになるのは「考える力」です。あるいは「慮る感性」っていうのかな。そういうところが大事なんだろうって思います。

5. SDGsの具体的な取組み

谷　今拝見したこの八名川小学校は、ユネスコスクールって書いてあるわけですけれども、ユネスコスクールっていうのは、今お話が出たESDを進めている先進的な学校のことをいうわけですけれど。

向山　手続きは知らないけど、相当増えていることは確か。最初は少なかったけど、今はものすごく増えているし、自治体によっては全部加盟しているところもありますから。もっともっと増えるだろうと思います。

谷　ESD というのは Education for Sustainable Developmentの略で、これがエデュケーションが最初にきていますので、SDGsを進めていく教育というふうに考えられているようです。

この学校も今、持ってきていただいた資料を拝見すると、ここに、これ(SDGsの表)が表になっていまして、その下に学校で取り組んでいる実践が書いてあるわけですよね。

今、これをただでさえ忙しいのに、これをどうやってやっていくのかという話ですが、よく考えてみたら学習指導要領や新教科書に出てきている内容のかなりが、これがすでにつながっている内容ですから、そうすると、逆に年間一つでも二つでもいいので、このことはこれにつなげてちょっと子供に言おうよと、決めていけば子供も意識して、9番に関係のあることやったみたいだというふうに、(SDGsの表を)壁にでも貼るとか。

向山 まあそうなんだけどね。結局スローガンを、例えば「全ての人に健康と福祉を」というようなスローガンを子供が言えるっていう事は、それはそれで悪くないですけども。現実の人間が生きていくっていうのは、非常にジレンマなわけです。便利さも欲しいし、だけども、環境にも負荷をかけている。そ

こらあたりはどう考えるかっていうことなんですね。

谷 やっぱり先ほど冒頭に出していただいた事例などを取り上げながら、こういう時は絶対こうだよねではなくて、リアリティのある中で、こういうこともあるし、こういうこともあるし、困るよなーっていう、その考える場面をつくってあげたい。

向山 そうですね。僕なんかの1980年代の実践、例えば「東京湾の水をきれいにする」という実践だと、結局東京湾の水を一番汚している原因は工業用水ではなくて家庭排水。

今でもそうですね。それは三つなんですよ。「食事の準備」と「お風呂」と「洗濯」なんですね。そうすると、結局、昔なんか銭湯1日おきぐらいにしか行かないけど、毎日お風呂入って、中には朝シャンする。毎日さらさらのシャツ着て爽やか青年。そしてハンバーグ食べて、油の料理する。つまり、ハンバーグ食べて、爽やかなシャツ着て、毎日シャンプーしている君が一番東京湾の水を汚しているんだよということになるわけですよ。

SUSTAINABLE DEVELOPMENT GOALS
17 GOALS TO TRANSFORM OUR WORLD
ＳＤＧｓ実践計画表　江東区立八名川小学校

文部科学省HP：教育現場におけるSDGsの達成に資する取組 好事例集

昔の子供は、鼻たれ小僧でちょっと汚くて、めざしかなんか焼いて食っていた方が負荷をかけてないわけです。めざし食うか、ハンバーグ食うかはちょっと極端だけど。

つまり日々生きていくということは、なんか悲しいけど、何か迷惑をかけちゃっているという、その後ろめたさみたいなものがあるわけですよね。

谷 その授業の時にやっぱり教師としても、だから朝シャンやめようとはいかないですよね。

向山 いかないですよ。それはそれで認めてあげるというのが文化の発達だから。僕はやっぱり1970年代の環境教育っていうのは、マニアックなところがあるのですよ。

運動論的な、ジェンダーの問題もそうですが、男女平等教育も。そこにいくとスローガンでいくと、皮相的な、うわべだけの教育で、実は創り手にならない、実際の社会の中で動かす人間にならないということになるのですよ。

谷 もっと悩ませた方がいい。

向山 悩ませた方がいい。

そうするとね、僕みたいに70才にもなって、重いなりしてビール瓶買いに行くかっていうと、マンションに住んでいたら(階段を)あげるのも大変だし、それは置き場(の問題)もあるから、その時によって条件も違うけれども。

ただ美味しいビール飲みたいだけかもしれないけど。

少しでも負荷をかけてみるっていうね、自分の中に。

谷 それで、若い先生方が悩むのは、じゃあ、それで子供が悩んだまま授業終わっていいのだろうかっていう。

向山 オープンエンドでいけば、それは悩ませていいと思います。一生悩めばいいのです。

谷 困ったなって言いながら授業が終わっていく。

向山 そうそう。

谷 SDGsの授業に対して、少し方向性が見えてきたような気がしましたが、いかがだったでしょうか。

向山行雄先生、今日はありがとうございました。

Profile

向山 幸雄（むこうやま ゆきお）

敬愛大学教授 教育学部長、元全国連合小学校長会会長　公立学校教員、文京区教育委員会指導主事、東京都教育委員会指導主事、品川区教育委員会指導課長、葛飾区立清和小学校長、中央区立阪本小学校長、同泰明小学校長兼幼稚園長。 帝京大学教職大学院教授　全国連合小学校長会会長 東京都公立小学校長会会長　などを歴任。
著書『平成の校長学』『ミドル教師―ニューリーダーとしての自己啓発ノート』『平成の学校づくり』『平成の学校歳時記』『校長になるための教頭の習慣術33』等多数

谷 和樹（たに かずき）

玉川大学教職大学院 教授　兵庫県の公立小で22年間勤務。兵庫教育大学修士課程修了。各科目全般における指導技術の研究や教師の授業力育成に力を注いでいる。著書には『谷和樹の学級経営と仕事術』(騒人社)『みるみる子どもが変化するプロ教師が使いこなす指導技術』(学芸みらい社)など多数。TOSS(Teachers' Organization of Skill Sharing)代表

第 3 章

SDGs 企業の取り組み

商社(日本貿易会)

電気事業連合会

建設業（日本建設業連合会）

日本化学工業協会

全国銀行協会

日本証券業協会

生命保険協会

日本損害保険協会

商社 - SDGsを事業に取り込み社会構築へ

取り組み

　商社の本業における活動で、SDGs達成を目指してこそ、商社の強みが発揮でき、持続可能な社会づくりに貢献できます。
新型コロナウイルス対策の中で、様々な側面から持続可能で「ない」社会の姿が、浮き彫りにされました。商社の活動の中にSDGsを主流化していくことは、社会を持続にしていくためにも重要だと考えます。

1　兼松 - 森林保全の取り組み

　兼松は、途上国の持続可能な森林経営を推進するため、2011年からインドネシア・ゴロンタロ州で森林保全プロジェクトを行っています。日本政府のサポートを得て、現地州政府や有力財閥のゴーベル・グループ、日本のチョコレート会社とのパートナーシップのもと、カカオ栽培の導入を推進しています。2019年からは、西アフリカのギニア共和国でもJICA支援の下、同様な取り組みを進めています。

良質なカカオの栽培方法の伝授

2　阪和興業 - 再生可能エネルギーの電力事業

　阪和興業は、より高い品質の環境エネルギーを世界に安定供給できる体制を構築するため、生物多様性に配慮する木材活用、環境低減に寄与する商材など、いろいろな種を蒔いています。

■　バイオマス発電に燃料を供給

　パーム油を搾る際にできるPKS（パームカーネルシェル。左写真）や、国産の間伐材チップ（右写真）などの木質系バイオマス燃料を取り扱っています。発電事業者に安定供給することで新たなエネルギー創出に貢献しています。

電気事業連合会 － 循環型社会へ

取り組み

　日本においては、リデュース（Reduce：発生抑制）、リユース（Reuse：再使用）、リサイクル（Recycle：再資源化）の 3R を進めることによって、環境への負荷が少ない循環型社会の形成に向けた取り組みが進められています。

　2018 年度には廃棄物・リサイクル施策のベースとなる「循環型社会形成推進基本計画」の見直しが行われ、廃棄物の量に着目したこれまでの施策に加え、経済的側面、社会的側面との統合を含めた持続可能な社会づくりとの統合的取り組みにも重点が置かれるようになりました。電事連関係各社においても廃棄物等の適正な管理・処理や再資源化に自主的に取り組み、資源の有効活用を推進し、循環型社会の形成に貢献していきます。

1　廃棄物等の再資源化対策

　2018 年度における廃棄物再資源化率は 97% となり、95% という高い目標を達成しました。特に、石炭灰の再資源化促進を重点課題として、引き続き、2020 年度における再資源化率を 95% 程度にする目標達成に向けて取り組んでいます。

リサイクルの例

廃棄物等の種類		主な再資源化用途
燃え殻ばいじん	石炭灰	コンクリート混和材、セメント原料、肥料、土木材料（海砂代替材、環境修復材）
	重原油灰	バナジウム回収、助燃剤
汚泥		セメント原料
がれき類（建設廃材）		建築用骨材、道路路盤材、再生アスファルト
金属くず		再生電線、金属製品原料
ガラスくずおよび陶磁器くず		タイル・ブロック原料、建築用骨材、道路路盤材
廃プラスチック		プラスチック原料
脱硫石こう（副生品）		石こうボード原料、セメント原料
クリアランス物		ベンチの脚部、原子力施設の放射線の遮へい体

2　原子力分野におけるリサイクルの例

　日本では、2005 年に原子炉等規制法が改正され、放射性物質の濃度が極めて低い廃材について、国の厳しい確認を受けたものは「放射性物質として扱う必要がないもの（以下、クリアランス物）」として、一般の有価物や廃棄物と同等に扱ってよいとする制度（クリアランス制度）が導入されています。この制度が社会に定着するように、電事連関係各社自らが積極的にクリアランス物を有効利用していきます。

原子力発電所会議室のテーブル（脚部の鉄材）
提供：日本原子力発電株式会社

原子力発電所PR施設のベンチ（脚部の鉄材）
提供：日本原子力発電株式会社

「エネルギーと環境」

建設業 − 目指すは地球環境のゴール

取り組み

　建設業界は、建物などをつくることだけでなく、まちづくりや地域を元気にすることにも大きく関わっています。交通や防災、環境、エネルギー、観光など人々のくらしにも大きくつながりがあり、SDGs に取り組む項目がたくさんあります。

　今、国内初めての ZEB（ゼロ　エネルギー　ビルディング）が注目されています。年間消費エネルギーをゼロにする環境に配慮した建築物をさします。我慢して省エネをするのではなく、ふつうにくらしているうちに省エネルギーが達成できている状態が理想です。

A 国内初 ZEB テナントオフィスビル

　JS 博多渡辺ビル（大成建設株式会社）では、空調と照明、その他のエネルギー技術により、全体でエネルギーの 52% の省エネルギーを達成し、ZEB　Ready（ゼブレディー）認証を取得しました。

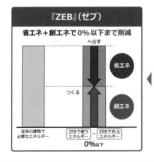

B ウェルネス・オフィス

　CO2 削減という SDGs の目標をもちながら、働く人の健康増進と快適性、知的生産性にも配慮しています。窓から自然光が仕事スペースまで届くオフィス空間です。

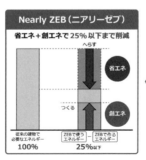

■ ZEB(ゼブ - ゼロエネルギービルディング) とは、省エネによってエネルギーを減らし、太陽光発電などでエネルギーを生み出し、全体でゼロにするということです。（環境省 HP より）

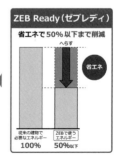

日本化学工業協会 － SDGs にも貢献する知恵の宝庫

取り組み

　日本化学工業協会は、2017 年 5 月に、「持続可能な開発に向けての化学産業のビジョン」を策定しました。ビジョンに基づき、会員企業には、SDGs 達成に向け活動を支援しています。多くの人に化学産業が理解されるよう、SDGs に関する取り組みを開示しています。

　環境問題、資源・エネルギー問題、食糧問題、健康や介護・医療分野、社会インフラへの貢献などに対応した、会員企業の製品・サービスや事業活動の 22 の事例を公開しています。

　紹介する事例一つ一つは、SDGs に貢献し、ビジネスの成功にもつながるという、まさに知恵の宝庫であり、示唆に富むものです。

《事例紹介》
https://www.nikkakyo.org/sdgs/cases/page/2020

■ 三菱ガス化学

エージレスラインナップ

　三菱ガス化学の脱酸素剤「エージレス®」が、地方の銘菓に採用されてから、その賞味期限は常温で１０日に延長されるようになり、地域限定の銘菓が東京や海外でも食べられるようになりました。食ロス削減にも寄与するエージレス。長期保存パンに使用されるなど、おいしい非常食の提供にも役立っています。

■ 住友化学

タンザニアの「オリセット®ネット」製造工場

　マラリアは蚊が媒介し、主に熱帯で発生する感染症です。もとは工場の虫除けの網戸として使われていた技術を、住友化学は、マラリアに苦しむ人々のために、研究開発を積み重ね、長期残効型蚊帳「オリセット®ネット」を開発しました。現在、国連児童基金(UNICEF)などを通じて、80 以上の国々に供給されています。

■ 昭和電工

昭和電工の植物工場 - YouTube

　昭和電工は、植物育成に最適な波長を発する赤色LED 素子を 2009 年に開発し、さらに独自の高速栽培法「S 法」とあわせた植物工場システムを確立しました。これまでに国内外を問わず 40 を超える提供実績があります。

全国銀行協会 – 金融経済教育の推進・拡大

取り組み

　全国銀行協会は、「お金について学ぶことは、社会で"生きる力"を育むこと」との理念のもと金融経済教育活動を積極的に行ってきました。

　金融経済教育の目的は、国民一人一人が、経済的に自立し、より良い暮らしを送っていくこと、健全で質の高い金融商品の提供の促進や家計金融資産の有効活用を通じ、公正で持続可能な社会の実現にも貢献していくことであり、これは「持続可能なライフスタイルの理解」等をターゲットに掲げる SDGs の目標「4. 質の高い教育をみんなに」の達成に寄与するものです。

　全国銀行協会では、SDGs の目標の 1 つに「金融経済教育の推進の拡大」を掲げ、様々な取り組みをしています。

1. 学校向け支援制度（金融経済教育研究指定校制度）

　金融経済教育研究指定校制度は、中学校や高等学校を指定し、教材、講師派遣等のツールを提供して、金融経済教育の実施を支援する取り組みです。「高校生による特殊詐欺防止啓発活動」は、生徒自身が振り込み詐欺等の特殊詐欺の被害が身近なところで起きている問題であることを認識し、その防止策等について理解し、生徒自身が考えた「特殊詐欺防止啓発活動」を地元地域で実践することで、生徒による社会貢献活動、また地域における「特殊詐欺防止啓発活動」の自立的な広がりを期待した取り組みであり、全銀協は本取り組みを様々なかたちで支援します。

2. 学校関係や高齢者への教材配布

　銀行を紹介するパンフレットやビデオなどを作成して学校関係や高齢者へ教材を配布してきました。

　近時は対象（中学生、高校生、大学生、社会人、高齢者等）ごとに教育・啓発を行う内容を整理し、冊子や映像等の教材を作成しています。

2019 年度の主な配布教材

- はじめてのお金の時間（中学生）
- あなたと銀行のかかわり（中学生以上）
- 生活設計・マネープランゲーム（中学生以上）
- シリーズ教材お金のキホン（高校生以上）
- 金融知識入門シリーズ（大学生以上）
- 手形・小切手のはなし（社会人）
- 銀行の金融商品・サービス（社会人）
- 金融犯罪安全チェック（社会人・高齢者）
- これで安心！金融商品のご案内（高齢者）

日本証券業協会 — すべての子供たちが希望をもって

取り組み

1 こどものみらい古本募金

証券業界では、全ての子供たちが希望をもって成長できる社会の実現に向けて、内閣府等が主導する「子供の未来応援国民運動」の一環である「こどものみらい古本募金」（古本等を活用した寄付プログラム）に業界全体で取り組んでいます。

2018年10月4日10(とう)月4(し)日（証券投資の日）より全国の証券会社に古本等回収ボックスを設置しています。

（日本証券業協会加盟の証券会社会員数：121社、参加店舗：1,400超）に古本等回収ボックスを設置しました。

寄付は、2021年1月末現在、寄付総額3,118,470円（総寄付冊数130,087冊）となりました。

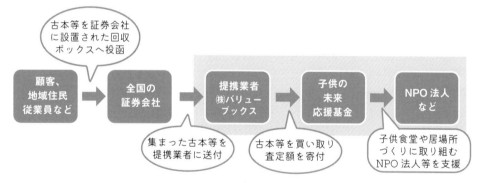

2 子供を支援する団体への物品寄付

証券業界一丸となり、証券会社が株主として受け取る株主優待品や災害備蓄品などの物品を、子供の支援活動を行っているNPO法人等に支援する活動（「こどもサポート証券ネット」）を行っております。お米やレトルト食品を中心に、2020年1月の開始から1年間で、300件以上の支援につながっています。

NPO法人レインボーリボンはこの日、証券会社から提供されたお米を活用し、子供たちへお弁当を配付しました。

生命保険協会 − SDGs に向けた重点取り組み 8 項目

取り組み

　生命保険業界は、これまでも社会保障制度の一翼を担う産業として、様々な取り組みを行ってきました。中長期的な視点において、SDGs に関わる取り組みをさらに強化していくため、「生命保険業界における SDGs 達成に向けた重点取組項目」を取りまとめました。

　具体的には、生命保険事業の特性やこれまでの取り組みの継続性などを踏まえ、生命保険業界として重点的に取り組む 8 項目を選定しました。

◆

① 持続可能な社会保障制度の構築　　関連 SDGs 目標 1、3、8、9
急速に進行する少子高齢化を踏まえ、持続可能な社会保障制度の構築に向け、「公私二本柱の生活保障」という理念のもと、公的保障を自助努力による私的保障で補完し、国民の生活の向上に向けた貢献を推進する。

② 金融リテラシー教育の推進　　関連 SDGs 目標 1、4
すべての人々、特に次世代を担う子供たちが自らの生涯を生き抜く力を培うために、自助努力で将来に備えることの重要性および保険の役割に関する教育を推進する。

③ 高齢者への対応を含む消費者目線に立った経営の推進　　関連 SDGs 目標 8、10
高齢者への対応を含む消費者目線に立った経営の推進を通じて、すべての人々に適切な生命保険商品・サービスを提供する。

④ 健康寿命延伸に向けた取り組み　　関連 SDGs 目標 3
超高齢社会において安心して健康に暮らすことができる社会の実現に向けて、生命保険事業を通じて、健康寿命延伸に係る取り組みを推進する。

⑤ ESG 投融資の推進　　関連 SDGs 目標　全般
機関投資家への社会的要請に応えるべく、生命保険業界のＥＳＧ投融資の取り組みのレベルアップを通じ、社会の持続的な発展に貢献する取り組みを推進する。

⑥ マネー・ローンダリング及びテロ資金供与、反社会的勢力への対応　　関連 SDGs 目標 16
生命保険が犯罪等に悪用されることを防ぎ、健全かつ公正な生命保険制度の運営を確保することを通じて、暴力や組織犯罪等を根絶することに貢献する。

⑦ 女性活躍推進　　関連 SDGs 目標 5、8
女性の力が社会全体の活力向上や持続的な経済成長の実現に不可欠であることから、女性がより一層活躍できる環境整備を促進する。

⑧ 人権に関する対応　　関連 SDGs 目標 8、10
あらゆる人の人権を尊重することは、国際社会における普遍的価値であることを踏まえ、人権尊重という価値観を基盤とした業界として、包摂的な社会の実現に貢献する。

日本損害保険協会 — 損害保険リテラシーの向上と防災・防犯・交通安全の意識向上

取り組み

日本損害保険協会は「安心かつ安全で持続可能な社会の実現」と「経済および国民生活の安定と向上」に資することを使命として「損害保険の普及啓発・理解促進」や「事故、災害および犯罪の防止軽減」等に取り組んでいます。

新たな技術の出現や社会を脅かすリスクの変貌などの環境変化に迅速・的確に対応し、安心・安全な社会の形成や顧客の利便性を向上させます。

そのために、講師派遣の実施、リスクに備える広報・啓発・教育ツールの作成など、各年齢層や世代別にあった事業を行っています。これらの教育支援ツールは、当協会のホームページである「そんぽ学習ナビ」から入手できます。

1. 副教材「明るい未来へTRY！〜リスクへの備え〜」

高校生や大学生がやってみたいと思う事柄に潜むリスクと、そのリスクに備えるための損害保険について、教員自らが短時間で授業を行えるように開発した教材です。生徒・学生用の「コア教材」、授業実践事例やワークシート等を盛り込んだ「教員用手引書」、さらに、「コア教材」のパワーポイント版を提供しています。また、教材の動画も作成しています。

2. 実践的安全教育プログラム「ぼうさい探検隊」

子どもたちが楽しみながら「まち」にある防災・防犯・交通安全に関する施設や設備を発見して、マップにまとめて発表する実践的安全教育プログラムです。2020年度から、手軽にデジタルマップが作成できる、マップ作成アプリを搭載したタブレットを無料で貸し出しています。

そのほか、技術革新への対応に向けた取り組み、環境問題への取り組みなど、SDGsに掲げられている課題に対する取り組みを強化していきます。

第 **4** 章

谷和樹教授のSDGs授業事例

オンライン授業の再現

授業事例① けんせつ小町とSDGs

授業事例② 大豆とSDGs

授業事例③ 石油とSDGs

けんせつ小町とSDGs

授業者　谷 和樹　玉川大学教職大学院教授
Tani Kazuki　TOSS 代表

■ この授業事例は、オンラインセミナーでの模擬授業を再現し、編集したものです。

（コンテンツ画像から一部抜粋）

*T　谷教授　　C　子役（Cの意見は選び掲載しています。）

T　何のマークでしょうか、口々に言ってごらん。

C　スズラン

T　違います。

このマークはお姉さんのここに付いていました。

C　ヘルメット

T　すごい、誰がヘルメットって言いましたか。

C　はい。

T　ヘルメットのマークです。

綺麗なヘルメットですね。

このマークを付けている、このマークに関係のある
方々、お姉さんたちも関係のある方々ですが、どう
いうお仕事の人たちだと思いますか。

C　建設関係

T　はい、建設関係、正解です。

建設業で活躍する女性の皆さん、「○○」この○○
の中に入る漢字2文字をノートに書きなさい。

C　けんせつ女子

T　けんせつ女子じゃない。意見があるという人
手挙げてごらん。

C　けんせつ美人　けんせつなでしこ　けんせつ
小町

T　全部いい意見ですね。

T　けんせつ小町、正解です。小町と言えば誰ですか?

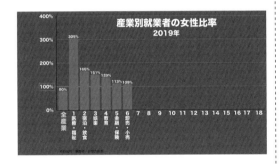

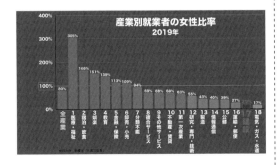

C 　小野小町です。

T 　小野小町の「花の色は」からみんなで読みましょう。どうぞ。（子役読む）

女流歌人です。絶世の美女と言われました。

小町というのは例えばあきたこまちのように使われることがあります。小野小町は秋田出身だと言われていることもありますけどね。美人のお米という意味もあるのでしょう。他に、お仕事関係で○○小町というのを、思いつく人はいますか。

これはパリ小町といいます。パリ在住の着物好きの日本人女性たちによる震災義援金ボランティアです。

エンジ小町は、どんな女性の方々でしょう。

C 　保育士さん

T 　園児（エンジ）、頭いいなあ、感動しました。

エンジニアです。伊藤忠マンション管理会社のエンジニア。女性社員の皆さんです。

住宅小町は、住宅メーカーの女性技術者を中心に結成されています。女性が活躍している世界でお仕事などをもっと活発にしていこうと何々小町というのが、始まっているわけです。

けんせつ小町の方々をもう少し見てみましょう。

産業別就業者の女性比率というのをグラフに出しました。

全産業で女性は8割の方が働いています。つまり男性の方がやっぱりちょっと多いですね。だけど医療福祉では女性の方が圧倒的に多いですね。こんなふうにだんだんと下がっていくわけですが、建設業界は第何位でしょうか？（予想させる）数をノートに書きましょう。

C 　17位です。

T 　17位ですね。よく分かりましたね。

けんせつ業界はもともと女性の方があまり働いておられない。そういう職業だとこれは皆さんよく分かると思いますね。

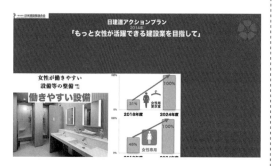

T　そこで工夫をしようと思いました。建設業界の皆さんは、女性が働きやすくするためにこのような工夫をしています。

C　トイレです。

女性専用トイレを設置する。正解です。

もう一つは何でしょう。

C　更衣室

T　はい、更衣室、正解です。

女性専用更衣室設置率とトイレ設置率を2024年までに100%にするということを目標に、今取り組みが始まっています。

だけどね、これだけじゃ駄目ですね。

設備だけ良くなっても駄目。ちゃんとサポートが必要です。

何のサポートですか。

C　育児。

T　出産育児のサポートです。こうしたことを大切にしていくことで、女性の方が働きやすい職場にしようとしているわけです。

その結果、2011年から2016年度まで、女性の働く方の数、とりわけ女性技能者の数は増えたでしょうか?減ったでしょうか?同じでしょうか?

(手を挙げますよ。)

　これもちろんも増えました。

1万人って思ったかもしれませんが、1万人も増えるっていうのは大変なことです。

皆さんお分かりでしょうけど、今労働者全体は減っているのです。労働人口全体が減っているその最中、このように女性の方が増えているというのは大変な努力の結果だということですね。

2019年度 けんせつ小町活躍推進表彰

活動名	まいまい小町 ほめパトロール	最優秀賞
		応募者情報 会社名 大成建設㈱ チーム名 **まいまい小町**
ポイント	良いところを「ほめて伸ばす」パトロール	
きっかけ	ほめられて みんながやる気になった	墜落制止用器具よし！
内容		

輝け！けんせつ小町

　そんな女性の働く人たちの中の元気なお姉さんたちを見てみましょう。この人たちです。なんだと思いますか？

この人たちはね、表彰されて褒められました。まいまい小町というチーム名がついております。何で褒められたと思いますか。最優秀賞ですよ。

C　元気がいい。

C　いっぱいほめた。

T　その通り、良いところを褒めて伸ばすパトロールをしました。

褒められてみんながやる気になったということが認められ、最優秀賞を取った女性、けんせつ小町の皆さんでした。

感想を言ってごらん。

C　素晴らしい取り組みだと思います

T　素晴らしい取り組みですよね。建設業界にはたくさんのお仕事があります。

こちらから、現場監督、その他ですね。こちらから、環境技術者、その他ですね。

もしみんなが建設業界で働くことになったとしたらどんなお仕事をしてみたいですか。この中で。

C　機電技術者、設計者、研究者

T　いろんなお仕事があります。ちょっと見せます。これは、意匠設計プロジェクト、開発、全部けんせつ小町の皆さんです。設備設計、構造設計、現場監督、かっこいいですね。建築営業、建設設計、土木設計等々です。

こういった皆さんとの情報を交流するために、今は小学生、中学生の皆さんも、積極的に見学に出かけています。こういう見学やったことある学校はどのぐらいありますか。

手を挙げてごらん。

まだあんまりないでしょう。

C　はい。

紹介する動画があります。見てもらいますよ。

＜動画の中での解説＞

建設業における女性活躍推進により、建設業で働く女性は5年間で7万増えました。そのうち女性技術者は1.6倍、女性技能者は1.3倍に増加しました。特に女性技能者については、男女を含めた技能者総数が減少する中、大きな成果を残したと言えるでしょう。

日建連では、これらの実績を踏まえて、今後の5年間を見据えたけんせつ小町活躍推進計画を新たに策定し、引き続き取り組んでいきます。

女性の活躍推進に資する活動や、女性自身の活躍を検証するけんせつ小町活躍推進表彰では、今後好事例の水平展開や活動の広がりが期待されます。

また、2015年度から始まった女子小中学生対象のけんせつ小町活躍現場見学会、今年度も‥

T　こういう活動が全国で行われているわけですね。これは今みんなが習っている「SDGs」とも密接に関係があります。

例えばジェンダー平等の問題、あるいはけんせつ小町の人が大切にしている五つのことが全部このSDGsに関係があると言われています。

今日はそこまでは考える時間はありません。

建設業界、そしてけんせつ小町の皆さんが大切にしているSDGsの項目はどれかなと調べてごらんなさい。授業終わります。

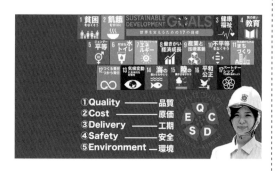

「けんせつ小町」について

1. けんせつ小町:建設業で活躍する女性の愛称。

2. 日建連は、2014年にアクションプラン「もっと女性が活躍できる建設業を目指して」を策定し、女性が働きやすい環境整備等を積極的に行った結果、建設現場の女性技術者・技能者は増加した。

3. 上記アクションプランを策定して5年が経過したことから、2020年度を初年度とする「けんせつ小町活躍推進計画」を新たに策定した。

4. 新計画では、「働きたい、働き続けたい建設業」を実現するため、「定着支援」「活躍支援」「入職支援」の3つのテーマを掲げ、更に積極的な活動を展開している。

5. 動画にある「けんせつ小町活躍現場見学会」の会場は、横浜市の「みなとみらい21中央地区20街区MICE施設建設工事」(竹中工務店施工)で、子供15名、保護者16名が参加した。

6. 今年度の「けんせつ小町活躍現場見学会」は新型コロナウィルス感染防止のため中止したが、来年度は再開する予定。

 # 大豆とSDGs

| 授業者 | 谷 和樹
Tani Kazuki | 玉川大学教職大学院教授
TOSS代表 |

■ この授業事例は、オンラインセミナーでの模擬授業を再現し、編集したものです。

（コンテンツ画像から一部抜粋）

大豆といえば

*T　谷教授　　C　子役（Cの意見は選び掲載しています。）

T　私は、大豆が好きなので、大豆というキーワードに反応してしまいます。輸入と書いてありますね。動画を見ていきましょう。

JFTCきっず★サイト
食料と商社－「大豆の輸入」編

＜動画の中での説明＞
大豆の価格が値上がりしています。日本の食料の自給率は低く、外国からの輸入に頼っていることから‥
「ねえお父さん、食料の自給率ってなに？」

T　（動画について）この子は、食料の自給率って何？と食料自給率について話しています。

T　大豆を輸入するということですから、大豆にも、国産とそうではないものがあるということですね。

大豆といえば、納豆ですが、ここに私がいくつか納豆をスーパーから買ってきました。
これが「くめ納豆」(実物提示)

T　国産と書いてありますね。国産を持ってきたのですが、安いもので一番よく食べるのはこの「おかめ納豆」です。（実物提示）
このおかめ納豆の大豆ですけれども、輸入か国産かどっちか予想してもらいます。

輸入だと思う人？
国産だと思う人？

わからないですね。お見せしましょう。
これは「おかめ納豆」のラベルです。どう、見つかりましたか？
C　輸入です。　　（口々に）
T　アメリカ、カナダと書いてありますね。ではさっきお見せしたこれは？
C　国産です。
T　国産。国産大豆って書いてありますね。
向こう（右手）はcoop、

C　北海道　　　国産　　　北海道産　　（口々に）
T　北海道産って書いてあります。ここにもほらちゃんと大豆国産納豆大豆北海道と書いてあります。
つまり、ここで分かったことは、ほとんど毎日食べている納豆ですが、輸入の大豆の時と、国産の大豆の時があるということです。
今度から買うときにどっちがいいということではなく、ちょっと見てみたいですね。
みなさん、それを知っていて、
「チェックして買っていますよ。」
という人はどのくらいいますか。
C　はい。（手を挙げる）
T　すごーい、ちゃんとチェックして買っている人もいるのですね。

大豆といえば

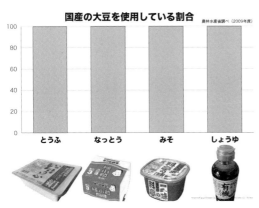

国産の大豆を使用している割合

農林水産省調べ（2009年度）

でもね、大豆といえば、納豆だけじゃないですね。
大豆といえば何がありますか。

C　味噌

T　そうですね。大豆といえば味噌ですね。
先生も写真にあるこの味噌を買ってきました。（実物提示）
これ、「匠の味噌」の大豆は、輸入か国産か？

C　輸入です。

T　輸入だと思う人？
国産だと思う人？
どっちだと思う。
国産、ちゃんと一番てっぺんに書いてあります。国産大豆にリュウホウと書いてありますね。
じゃあね、大豆といえば納豆、味噌、それから？

C　豆腐、しょうゆ‥　（口々に反応）

T　今日は、いろいろ買ってきました。豆腐を買ってきました。　　（実物提示）
これは、使っている大豆は国産か？輸入か？

C　国産　　（口々に反応）

T　こっちは？北海道、北海道って書いてあり　ますね。

T　こっちは？
　見てみないと分からないので、見てみましょう。
まず、これですね、これは北海道産と書いてありました。しかしこっちは、よく見ると、アメリカと書いてあります。
それも両方あるのだと思いました。
それでね、国産の大豆を使用している割合は、それぞれ何%ぐらいでしょう。100%が一番上ですよ。
代表的な大豆食品です。
それぞれ何%。
豆腐を予想してごらんなさい。

C　豆腐はおよそ20%です。

国産の大豆を使用している割合

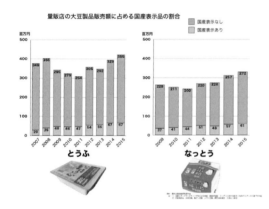

量販店の大豆製品販売額に占める国産表示品の割合

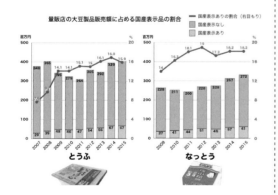

量販店の大豆製品販売額に占める国産表示品の割合

T　すごい。20まであっている。26％

納豆、味噌、醤油、全部当ててごらんなさい。

C　納豆30、味噌20、醤油40

T　全部国産は5割より下だと思う人？

C　（手を挙げて意思表示）

T　予想通りでしょうか？

グラフの数値を示す。

思ったより多かったですか？少なかったですか？

国産の割合が思ったよりも多かったと思う人？

思ったより少ないと思う人？

C　（手を挙げて意思表示）

T　やはり、国産を使っていて欲しかったですね。

なんとなくイメージとしてはそんな感じがします
ね。

納豆や豆腐の国産の割合は、年々増えているで
しょうか？年々減っているでしょうか？

増えていると思う人はこっち向き、手をこういう感じ
で、減っていると思う人はこういう感じで手をやって
ください。（実際に示す）

C　（指示に従って意思表示）

意見が別れましたね。根拠を持って調べましょう。

これが根拠資料です。

さあどっち

C　増えています。（口々に反応）

T　本当に増えているの？縦軸はお金です。

黄緑色のところが、割合です。

先生が、折れ線にしました。見てみたい？

豆腐から見てみましょう。どっちですか？

C　増えています。

T　国産が若干増えてきたね。納豆はどう思
う？ちょっと減っていますね。

増えたり減ったり、また増えてという感じですね。

いずれにしても2割ありません。

豆腐、納豆、味噌、醤油という代表的な食品だけ取
り上げましたけれども、そもそも大豆の食品ってこ
れだけじゃないですよね。

大豆は何に使われる？

とうふ①	なっとう②	みそ③	しょうゆ④	⑤	⑥
⑦	⑧	⑨	⑩	⑪	⑫
⑬	⑭	⑮	⑯	⑰	⑱

T　大豆は何に使われる？

みんな大豆食品といえばなんですか。

はい口々何番、何番がわかったというふうに声を出してください、じゃあ5番わかる人。

C　枝豆

T　正解。

C　17番、大豆油

T　違います。はい次、

C　8番、油揚げ

T　正解！

C　13番、豆まき（笑）

T　13番、豆まきだけど食品じゃないですね。

「豆まきに使われます」でいいよね。

豆まきで使われる大豆は「いり豆」です。

もう降参ですか、

C　11番、きなこ

T　おしーい！きなこは12番、

C　9番、豆乳

T　正解！

C　10番、厚揚げ

T　10番は厚揚げじゃない。10番は何？

10番、これは焼き豆腐でした。

ということはつまり厚揚げはどれでしょう。7番です。

三角の厚揚げもあります。

みんな知っていましたか？もう降参ですね。

C　6番、味噌汁

T　味噌は、3番にありますね。6番味噌汁でいいですか。はいこれは、煮豆でした。

14番ががんもどき。15番、15がね、がんもどき。

（シルエットについて、やり取り続く）

シルエットわかりにくすぎってことだね。シルエットわかりにくすぎ。11番黒豆、14番は、ゆば。じゃあ18番は

マーガリンの材料だって、知っていました？そして17番は大豆油じゃなくて、

サラダ油、天ぷら油のようなものです。

大豆は何に使われる？

とうふ①	なっとう②	みそ③	しょうゆ④	えだまめ⑤	にまめ⑥
あつあげ⑦	あぶらあげ⑧	とうにゅう⑨	やきどうふ⑩	くろまめ⑪	おから⑫
⑬	⑭	⑮	⑯	サラダ油⑰	⑱

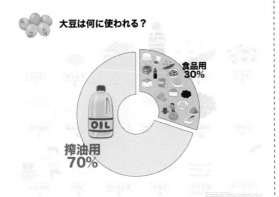

大豆は何に使われる？

食品用 30%

搾油用 70%

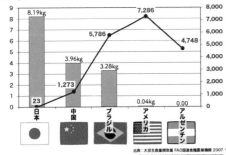

主な国の大豆生産量と摂取量

単位：kg/年　■ 1人あたり摂取量　●生産量　単位：万トン

	日本	中国	ブラジル	アメリカ	アルゼンチン
1人あたり摂取量	8.19kg	3.96kg	3.28kg	0.04kg	0.00
生産量	23	1,273		7,286	4,748

5,786

出典：大豆生産量摂取量 FAO国連食糧農業機関 2007
https://www.data.jp/fuk.../...

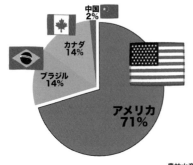

日本の大豆の主要輸入相手国
（金額ベースの割合）

中国 2%
カナダ 14%
ブラジル 14%
アメリカ 71%

農林水産物輸出入概況
平成31年（令和元年）より各作成
https://www.maff.go.jp/...

T　いろんなものに使われているね。ちなみに、食品に使われる大豆は3割です。

他は何に使うのでしょう。

これ油です。

はい、搾油「さく油」っていいます。油を絞るのに使っているのですね。

このように様々なものに大豆が使われています。

T　日本人は、大豆とはかなり縁があります。

大豆の摂取量を見てごらん。

使っている量とは違いますよ、食べている量です。

食べている量は、どの国が1位でしょうか？

C　日本

T　日本だと思う人？

C　（日本という意見が多数）

T　日本はどのぐらいだと思いますか？

C　10

T　要するに1年で10キロ食べている？

1人が1年で10キロでいいのね？

そんなにないだろうと思う人。

C　（口々に反応）

T　実はスケールを、いつもの通り先生がごまかしていました。ごめんなさい。8キロでした。

T　各国で、大豆を作っているのが一番多いのはどの国ですか。

C　アメリカ

T　正解、日本はどの辺でしょう。

この辺って、指さしてごらん

C　（指さして反応）

T　はい、正解です。ほとんど作っておりません。ということは日本の豆はだいたいどの国から輸入していると思いますか。

C　アメリカ

T　アメリカは何色だと予想しますか？

C　青

T　その通りです。というように全部資料はつながっているわけです。

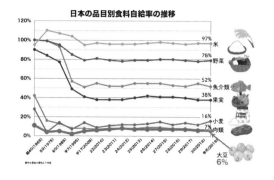

日本の大豆の食料自給率、他の食べ物をここで出しましたけれども、どの辺だと思いますか、指で線を引いてごらん。

　大丈夫でしょうか。はい。
一番下です。
大豆食料自給率は、全部の中で一番低いわけですね。

こんなことでいいのでしょうか。
アメリカの大豆で大丈夫なのでしょうか。
アメリカの大豆では心配ですか。
それとも大丈夫ですか。
どちらかといえば、どちらでしょう。
感覚でいいですよ。
ちょっと心配かなって思う人。
大丈夫だと思う人。

C　（手を挙げて反応）
T　日本の大豆でも、アメリカの大豆でも、心配なものもあれば大丈夫なものもあるに決まっているわけですね。

問題はちゃんと調べてみようということです。そういう態度が重要です。
先生も調べてみました。
みんなも調べてごらんなさい。
おかめ納豆です。さっきのおかめ納豆を作っているのはアメリカの大豆ですが、しっかりと調べていますよということを言っています。
このステッカーを見たことがありますか。

これは「サステナブル US SOY」と言ってアメリカの大豆の中でしっかりと環境に気を付けていますよという大豆にだけ貼れるステッカーです。
日本に輸入されるうち7割が認可しているということですね。

「植物肉」で世界へ。　〜MIRACLE MEAT〜

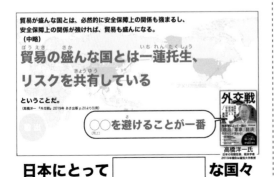

T　そう考えると、こういうふうに見てもだいたい頑張っているじゃないか。

日本も頑張っているけど、アメリカだって頑張っている。そういったことをしっかり見ていかなければいけないということですね。

T　これはマルサングループという大豆の会社ですけれども、ここにあるのは何ていうマークですか。

C　SDGs

T　SDGsのアイコンですね。念のために言ってみよう。SDGs どうぞ。

C　SDGs　　　（復唱する）

T　これを、ずっとスクロールしてみよう。

こういう感じで、しっかり大豆関係では努力をしている会社が多いのです。

DAIZUという会社を見てみましょう。

SDGs ありましたね。こういう感じですね。

大豆は、とてもみんなの SDGs の勉強に関係が深いと言われています。

タンパク質の危機を救おうといったようなことですから、日本でもいっぱい作りたいです。

そして、工業製品の貿易で勉強したように、食料での貿易も大事だということです。

貿易の相手の国の人と仲良くしながら、その国と大切に関係を築いていこうということをまたここでみんなと一緒に勉強しました。

石油とSDGs

授業者 谷 和樹
Tani Kazuki
玉川大学教職大学院教授
TOSS代表

■ この授業事例は、オンラインセミナーでの模擬授業を再現し、編集したものです。

（コンテンツ画像から一部抜粋）

＊T　谷教授　　C　子役（Cの意見は選び掲載しています。）

T　「SDGs」の勉強をしてきましたね。

T　今日はそれをこういう観点から勉強してみよう
と思います。

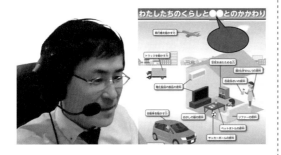

　この絵は、「わたしたちのくらしと何のかかわり」
でしょう　か?漢字2文字"ノートに書いてごらん。
書けましたか?

漢字2文字です。

C　石油
T　誰が言いましたか?

　　正解!

以前も勉強しましたが、石油です。

T 「石油の使用量の割合」というグラフです。
これはどういう力だったのでしょうか?
○○くん

C 動かす力です。
T もういちど言ってごらんなさい。
C 動かす力です。
T 「動かす力」そのとおり。
こういうのを動かす力と言ったのですね。
これはどんな力だったのでしょうか?
○○くん言ってください。

C あたためる力です。
T あたためる力、その通り。
そして最後です。
これはどんな力だろうか。
分かった人、手をあげてごらん。
誰も分からない?
誰も分からない『降参』でいいですか。
○○くん

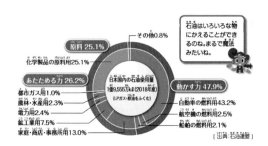

C 物を作る力
T いい意見だ99.9点(その後やり取り)
正解でいいです。
正解でいいのですが、実はね、何の力とは書いて
なかったのです。物を作る力でいいです。
物の原料となる力ですね。

T これを、もう少し詳しく見るとこんな感じです。
「石油はいろいろな物に‥」と右上に書いてありま
すね。読んでみましょう。
「石油は‥」はい、どうぞ。
「石油はいろいろな物にかえることができるのね。
まるで、魔法みたいね。」と言っています。

T 原料にもなる、動かす力にも、あたためる力に
もなるということです。
このようなことを漢字2文字で「万能」と言います。

T　万能な石油はこのSDGsでいうとどれに関係しそうですか。

C　7番

T　7番だけですか。

C　9番　　13番・・・（口々に反応）

T　こうしていくと結局、もしかすると、どんどんつなげていけば全部関係あるということになりますね。つまりSDGsってそういう考え方なのです。これだけということではなく、いろいろな観点につながるということです。

8の働きがい経済成長や9の産業と技術革新にはもちろんはっきりとつながります。

水1リットル　　原油1リットル

150〜170円　　□円

T　例えば、水1リットルが100円とか150円とかしますよね。

同じ大きさのペットボトルに原油1ℓを入れると約いくらでしょうか。

予想して値段をノートに書いてごらんなさい。

オイル、石油です。

書いたらノートを見せてもらいます。

はい、見せてごらん。

（ZOOMのため、何人かほめ、提示の確認をする）

T　400円、60円いろんな意見がありますね。

500円、15円　はい。

こういう発問を先生方は根拠のない、足場のない発問と言いますね。

でも一応、水と比べてということですから、みんなは水より高いのかな、それとも水よりやすいのかなと考えたでしょう。

手を挙げてもらいましょうか、お水より高いか安いかですよ。

お水より高いと思う人。

（手が見えるようにと注意）

水より安いと思う人。

よく分からないですね。

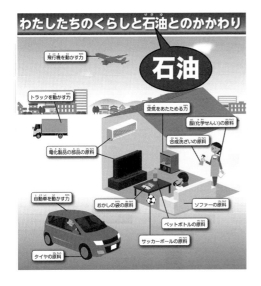

わたしたちのくらしと石油とのかかわり

石油

飛行機を動かす力

トラックを動かす力

電化製品の部品の原料

自動車を動かす力

タイヤの原料

空気をあたためる力

服（化学せんい）の原料

合成洗ざいの原料

おかしの袋の原料

ソファーの原料

ペットボトルの原料

サッカーボールの原料

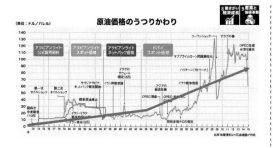

T　そこで、資料を見せます。

原油価格の移り変わり、値段上がっていますね。

もう一回、聞きますよ、水より安いか高いか。

水より安いと思う人。

水より高いと思う人。

この図だと、どの値段を取ればいいのか分かりにくいね。

先生が綺麗にしました。

インフレ率、調整後の月平均　原油の値段。

タイトルをみんなで言ってごらん。

C　インフレ率調整後の月平均　原油の値段。

T　そうですね。

縦軸の単位は何でしょうか。

○○くん、縦軸の単位は何ですか。

C　ドルです。

T　そうですね。

横軸は何ですか。

○○くん。

C　年度です。

T　年度ですね。何年なのかということです。

1946年までで、最後まで出ていません。

その頃は値段が安かったはずです。

物価が安いというのはこういうのね、従って、今の値段に直すとこうなります。

　今の値段に直すことをインフレ率調整後と言います。

それでも結構上がってきていますね。

今は水より高いか安いか?

水より高い、水より安い。

はい、みんなだんだんと予想が鋭くなってきていますね。

平均すると45ドルなのです。

1バレルで。80年から平均すると57ドルですね。

2000年からの平均だと約65ドルです。

65ドルで約6500円とか7000円弱ですよね。

1バレルね。1リットルに直すとどうなのということですね。

直せる人。

水1リットル
150〜170 円

① 1バレルは　約160リットル
② 1ドルは　約107.24円

原油160リットル
約44円

T　1バレルは約160 L のことです。
それが65.37ドルです。
したがって、これを円に直すと、約7000円ですから、7000円を160で割ればいいです。

いくらになりましたか。
C　44円です。
T　その通り43.75。約44円です。こういうのを万能でなくて何と言えばいいですか。
口々に言ってごらん。
C　激安
T　そうだね。万能　やすい　みんなで言ってごらん。
C　万能　やすい

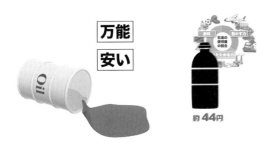

万能
安い

約44円

T　だけどね、困った問題があります。
みんなにクリーンでしょう。（目標７）
みんなに行き渡るっていうためには、ずっと取り続けなければならないですね。
経済成長するためには、ずっと石油が使えなければならないけど、石油がなくなるという話、聞いたことありませんか。
聞いたことある人、手あげてください。
　石油は、いつかはなくなるとも聞いたことがありますね。
　いつ頃なくなると思いますか。
C　あと５０年

わたしたちのくらしと石油とのかかわり
石油

石油の可採年数
| 2001年 | 約40年 |
| 2005年 | 約41年 |

41年
石油
（2005年末）

T　あと50年でいいかな。
反対の人、いつですか？言ってみてください。
C　多分なくならないと思います。高くなったら売れなくなる。
T　すごい小学生だな。

石油の可採年数

2001年	約40年
2005年	約41年
2007年	約41.6年

41.6年

1兆2,379億
バーレル

石油
（2007年末）

石油の可採年数

2001年	約40年
2005年	約41年
2007年	約41.6年
2011年	約54.2年

54.2年

1兆6,526億
バーレル

石油
（2011年末）

石油の可採年数

2001年	約40年
2005年	約41年
2007年	約41.6年
2011年	約54.2年
2016年	約51年

エネルギー資源の確認埋蔵量（可採年数）

51年

1兆
7,067億
バーレル

石油
（2016年末）

T　実は、2001年、今から20年前に40年でなくなると言われていました。

ということは、あれから20年経ちましたから、あと20年でなくなるのではないですか。

ところが2006年に2005年に調べてみると、やっぱり41年だと言うのです。

おかしいですね。

C　うん。

T　これが、2007年にはあと何年って言われたでしょうか？

T　書いてあるよね41.6年です。ほとんど変化しなかったのです。2年経ったのに。

これが2011年にはどうなりましたか。

C　54.2年

T　長くなったぞ、どういうこと？

2016年は、51年ですよ。

　　あと何年のなぞ。

○○くん、説明してごらん。

　　さっき、言いましたね。

C　新しくいろんなところからまた少し出てきたりとか。

T　○○くんが説明したいようですね。

C　アメリカの取り方が変わり、埋蔵量の調査がきちっとできるようになったとか。

T　いろいろ変わったのですね。

これをこの（「調べてみよう石油の活躍」の本）子ども用の本には、このように説明してあります。

可採年数のうつりかわり

可採年数＝現在の技術と値段で確実に採掘可能な石油埋蔵量÷その年の石油採掘量

[提供：OG応]

1975年	34年
1985年	36年
1995年	45年
2005年	49年
2015年	58年
2018年	49年
2019年	49年

石油はあと何年でなくなるの？

可採年数が増えてきたのは、新しい技術により、
地下にある石油のとれる割合が増えたり、
新しい油田が発見されてきたからです。

① 万能で
② 安くて
③ 長持ち

石油は優秀なエネルギー

ジュースを飲む時

最後の方は飲みにくくなる

T　赤い字、「地下にあるから‥」
少し小さめの声で読んでみよう。
C　（口々に声に出して読む）
T　そうですね。そういう割合はどんどん変化して
きています。
新しく発見されたり、使う量も変わったりするからで
すね。
T　ということは、まとめると1番には何が入りまし
たか。
C　万能。
T　万能。2番は何でしたか。
C　安い、激安（反応する）
T　安くて、そして？
C　長持ち。
T　そう、長持ち。ずっとなくならない感じがする
ね。石油は優秀なエネルギーなのですね。
T　どんどん使おう。優秀だ。
長持ちするから「どんどん使おう」という谷先生の
意見に賛成の人？あれ、反対の人？
賛成の人も反対の人もどうしてですか、
　　ノートに書いてごらんなさい。
ノートに書きましたか。
指名なしで言ってもらいます。
C　環境が悪化します。
C　CO2が出る。
C　急になくなるかも知れない。（口々に言う）
T　さっき○○君も言っていましたが、物には限度
があるのですね。
　　いつか採れなくなる可能性はあります。
そうすると値段が上がって、もう駄目でしょうという
ことになります。
T　みんなこういう経験ありますか。
最後の方は飲みにくい。ストローで吸った時、最後
の方、残っているのに飲めない。
あれと同じようになります。つまり、めっちゃ時間か
けて、めっちゃエネルギーかけて、その最後の一滴
を飲むぐらいなら、他のものにした方がいいよね、
という話です。

ラビット・リミット
1リットルの石油を取り出すのに、
2リットルの石油が必要なら、
エネルギーとしての意味はない。

もし、最新型のクルマで
うさぎ一匹をつかまえていたら、
結局エネルギーのむだづかい。

どんどん使おう！
大事に

巨大タンカー
（20万トン以上）

タンカーはコンピュータで
自動化されていて、20人
くらいの乗組員で動かして
いるんじゃ。
しかも、オイルロードと

1隻分を使い切るのに　　　日

日本の1日分の石油使用量は、
東京都庁より大きなタンカー2隻分になります。

1日で約2隻

1隻分を使い切るのに　半日

T　こういうのを専門家の人たちはなんというか知っていますか。

何とかリミットといいます。

何とかリミット、動物が入ります。

聞いたことあった人。

動物を言えば良い。○○くん

C　エレファント

T　エレファントリミット、違います。

C　アルパカ

T　アルパカリミット、違います。
　　ラビットリミットと言います。

なぜラビットと言うか知りませんが、ウサギを捕まえるのに、走って捕まえるなら、エネルギーを使わないからいいよねと言うことです。

だけど、ウサギを捕まえるのに、最新型の車で捕まえていたら、エネルギーを使いすぎでしょうと。

こういう例えで使われるのですね、

「1リットルの石油を取り出すのに、2リットル‥」から読んでごらん。

C　「2リットルの石油が必要ならエネルギーとしての意味はない」（それぞれ赤字を読む）

T　エネルギーとしての意味はないのですね。

どんどん使っちゃ駄目ということですね。

どういうふうに使うのですか。

C　少しずつ

T　そうだね。上手に少しずつ、以上？

ボキャブラリーの問題ですよ。

語彙の問題といいます。

C　上手に、少しずつ、賢く‥など口々に発言

T　上手に、少しずつ、それから、賢く、計画的にね。はい、とっても良いですね。

「大事に使おう」と誰も言わなかったですね。（笑）

T　今ね、日本はたくさんの石油を使っていると言われています。

タンカー1隻（約30万t）を使い切るのに半日で使っているといいます。このようにいろいろ使えるのだけれども、それをどんどん燃やすのではなく、大事に、大事に使いましょうという考え方が大事です。

（現在は1日当たり60万t程度）

Noble Use of Oil

石油のノーブルユース

①石油資源は貴重である。
②輸送燃料や、石油化学の原料は、
　石油でなければならない。
③発電には様々な燃料が利用できる。
④その発電に石油を大量に使うことはさけ、
　浪費を防ぐべきだ。

https://www.paj.gr.jp/life/kids/

T　石油の ノーブルユース、このことについて
SDGs とくっつけて、調べていこうね。

T　実はこういうホームページがあります。
「石油の作文コンクール」見たことがある人います
か。

手を挙げてごらん。とっても面白いページです。
画面に URL も貼っておきましたのでぜひ後で事
務局の皆さんからご案内をいただいたら、アクセス
してみてください。

そこには、先生向けのページもあります。
この先生向けのページは、たくさんの資料がダウン
ロードできます。
指導案、教師用マニュアルですね。

子供用のこういう面白い本もダウンロードできます
し、送ってもらうこともできるのです。
そして動画もあります。

よかったら申し込んで、欲しい人は申し込みフォー
ムで学校に無料で送ってもらえますからチェックし
てみてください。

石油についても、もっともっと勉強していくことがた
くさんありますね。

あとがき

日本教育技術学会会長　ＴＯＳＳ最高顧問　　向山洋一

2020年、コロナ感染症によって、世界はかつてない脅威にさらされました。

人々は知恵を出し、身を守り、暮らしを守っています。

折しも、日本の教育界で「GIGAスクール構想」のもと、一人一台の端末を貸与し、オンライン授業等、PCを使っての授業を進めようとした年でもありました。

TOSSは教師の研究団体です。全国各地でセミナーを開き、研究会や勉強会を行っていました。

年間1000回を超すセミナーを行っていましたが、会場に集まることは出来なくなりました。教師の仕事は、子供たちの命をも預かる仕事です。これまで日本中を飛び回って勉強していた教師たちも、ひっそりと動きを止めました。一番大切なものを守るための行動でした。

でも、よりよい授業をするために学んでいたTOSSの教師たちが動き始めるのに、それほど時間はかかりませんでした。どこよりも早く、オンラインでの勉強会に切り替えました。今までは、セミナー会場に出向いていたTOSS教師たちは、それぞれの場所で、全国の仲間たちとオンラインで学び始めたのです。

2030年に向かって動き出したSDGsへの取り組みも、動きを止めるわけにはいきません。

教師が現場でSDGsを教えるために第1弾「キーワードで教えるSDGs」を発刊しました。

第1弾は、SDGsの情報だけでなく、ワークシートの中の絵やイラストからキーワードを学ぶ書籍にしました。

第2弾「議論するSDGs」は、テキストのＱＡを手掛かりに、SDGsについて議論できる書籍にしました。SDGsの目標別の見開きテキストをコピーして頂き、児童、生徒さんに配付してください。小、中学校、高校、大学の授業だけでなく、企業の研修でも使えるようになっています。年齢、地域など、それぞれの立場で、意見が交流されることと思います。

TOSS青年事務局の教師が中心になり、テキストを使い、SDGsの授業に取り組んで、授業実践報告を書きました。実際に授業されるときにお役に立つことと思います。

本書籍は、一般財団法人経済広報センターの企画によるもので、常務理事の佐桑氏には、様々なアドバイスを頂きました。日本企業のSDGsへの取り組みの情報を頂くこともできました。

経済広報センターは、長年学校現場への様々な教育セミナーを続けてきています。コロナ禍に於ける教育セミナーでの谷和樹教授のオンライン授業も紹介させて頂きました。

SDGsが目指している「No one left behind」（地球上の誰一人取り残さない）ことと、世界の未来を変えるための17の持続可能な開発目標を一人でも多くの人に知ってもらうために、この本が役に立ってくれることを願っています。

2021年5月

【監　修】　　向山 洋一（むこうやまよういち）

日本教育技術学会会長・TOSS最高顧問。東京都出身。東京学芸大学社会科卒業後、東京都大田区の公立小学校教師となる。NHK「クイズ面白ゼミナール」教科書問題作成委員、千葉大学非常勤講師、上海師範大学客員教授などの経歴をもつ。退職後は、TOSS（Teacher's Organization of Skill Sharing）の運営に力を注いでいる。モンスターペアレント、黄金の3日間、など教育にかかわる用語を多く考案・提唱している。著書多数。

【企　画】　　佐桑 徹（さくわとおる）

経済広報センター常務理事・国内広報部長。経団連事務局、東京新聞・中日新聞経済部記者を経て、1998年経済広報センターへ。産業教育への貢献で文部科学大臣賞を受賞。環太平洋大学経営学部客員教授。元ESD活動支援企画運営委員。

【執筆協力】　　向山 行雄（対談）　谷 和樹（対談・オンライン授業）

守屋 遼太郎　水本 和希　小島 庸平　篠崎 栄太　村上 諒

並木 友寛　加藤 雅成　金崎 麻美子　吉原 尚寛　石神 喜寛

里城 智仁　中台 千尋　御子神 由美子　師尾 勇生

【執筆協力団体】　　日本貿易会　電気事業連合会　石油連盟　日本建設業連合会　日本化学工業協会　全国銀行協会　日本証券業協会　生命保険協会日本損害保険協会

【編　集】　　師尾 喜代子
【校正協力】　　板倉 弘幸
【デザイン】　　師尾 有紀江

―議論する―

SDGs

〈別冊ワークシート付〉

2021年6月10日　初版発刊

監 修 者　　向山 洋一
発 行 者　　師尾喜代子
発 行 所　　株式会社 騒人社
　　　　　　〒142-0064　東京都品川区旗の台2-4-11
　　　　　　TEL　03-5751-7662　　FAX　03-5751-7663
　　　　　　会社HP　http://soujin-sha.com/
印 刷 所　　株式会社 双文社印刷